Fiction and Life

小说生活

毕飞宇、张莉 对话录

人民文学出版社

图书在版编目(CIP)数据

小说生活:毕飞宇、张莉对话录/毕飞宇,张莉著.—北京:人民文学出版社,2018
ISBN 978-7-02-014602-4

Ⅰ.①小… Ⅱ.①毕… ②张… Ⅲ.①毕飞宇—访问记 Ⅳ.①K825.6

中国版本图书馆 CIP 数据核字(2018)第 225121 号

责任编辑　赵　萍　樊晓哲
责任印制　王重艺

出版发行　人民文学出版社
社　　址　北京市朝内大街 166 号
邮政编码　100705
网　　址　http://www.rw-cn.com

印　　刷　三河市宏盛印务有限公司
经　　销　全国新华书店等

字　　数　244 千字
开　　本　880 毫米×1230 毫米　1/32
印　　张　12　插页 1
印　　数　1—10000
版　　次　2015 年 1 月北京第 1 版
印　　次　2019 年 6 月第 1 次印刷

书　　号　978-7-02-014602-4
定　　价　42.00 元

如有印装质量问题,请与本社图书销售中心调换。电话:010-65233595

新版序言

毕飞宇

这本书原先的书名叫《牙齿是检验生活的第二标准》，书名是我起的。初版几个月之后，台湾九歌出版社出版了它的繁体字版，书名叫《小说生活》。我想说的是，《小说生活》这个书名起得好，既本分，也开阔。我就想了，什么时候再版，我会把繁体字版的书名给挪过来。

现在，这本书再版了，从今天起，这本书正式更名《小说生活》。

2013年，人民文学出版社打算出版我的文集，责任编辑赵萍女士对我说，《毕飞宇文集》是九卷，给你再加一本，做个整吧。她的意思是，附带着推出我一本谈话录。那一年我才五十岁，老实说，这个年纪做谈话录有点过分。可是，一听到"谈话录"这三个字，我蓬勃的虚荣心就猖獗起来了，我哪里按得住，当即就答应了。

等赵萍女士真的把张莉博士给请来的时候，我有些蒙，准确地说，不知所措。我想起了老北京的一句话——这是什么话说的。我真的不知道"话"该从哪里"说"。必须感谢张莉，作为一个严谨的学者，她的预备工作做得扎扎实实，她把我的书稿通读了一遍，找出了许许多多的"点"，然后，仔细详尽地做了一个谈话的提纲。我非常清晰地记得，对话是在我家楼下的一家咖啡馆进行的，因为张莉的缘故，我们的谈话异常顺利，——她把话题扯到哪里，我的话就跟到哪里。在许多时候，我都产生了错觉，就觉得自己在"瞎说"，而事实上，我并没有瞎说，张莉都把控着，该向左向左，该往右往右，该刹车刹车，该踩油门就踩油门。就在第二天的晚饭前，我们也谈了两天，张莉伸出了她的胳膊，关上了她的录音笔，说："一本书差不多了。"我很高兴，只想着早一点撂挑子，回想起来，我的语气几近恬不知耻了："那我就什么都不管了哈。"张莉说："行，你就不用管了。"

当然，我还是管了一些。等张莉把文字稿给我的时候，我吓了一跳，到处都是"口水"，"口水"要不得，得管。对了，不少朋友看了书之后对我的口头表达能力赞不绝口，老毕厉害啊，出口成章啊。在此，我郑重地说一声，朋友们夸错了，我没有出口成章的能力，你们读到的，只是"洁本"，我的口头表达能力不可能比任何人高明。当然，不只是删，在某些重要的地方，我也做了一些必备的补充。

我对这本书非常满意。但是，有一点我必须交代清楚，对话就是对话，它和书斋里的写作有性质上的区别。在对话的现场，或去了一趟卫生间，或服务员的突然闯入，或接了一次电话，对话就中断了。我记不得我们有过多少次的中断，我想说的是，这些"中断"给本书带了一些遗憾。比方说，有关现代主义文学的部分，有关文艺美学的部分，有关女性主义的部分，我们的深入都不太够。说起来有点像笑话，我们这一代作家都是从现代主义文学那里起步的，而张莉女士的博士方向就是女性问题，可我们恰恰没能在这些地方好好地讨论。我想，谈话的"中断"是原因之一，最大的原因也许还是"灯下黑"，它反而成了我们的盲区了。

就在《牙齿是检验真理的第二标准》初版的时候，我和张莉有过一次电话长谈，所谈的重点就是这本书的不足。说起我们的盲区，我们都开心地笑了。张莉鼓励我说，没关系没关系，等毕老你90岁了，我们再谈一次，都补上。

这主意不错。那我就等着。我等着赵萍带着张莉再一次来敲门。我想我会让她们俩在门口等会儿。九十岁了，我想我更能装了，我得装上我的假牙。乘着口齿还清晰，我想说——

感谢应红。感谢赵萍。感谢张莉。

感谢人民文学出版社。

感谢这本书的读者朋友们。

2018年7月6日于南京龙江寓所

目录

001　成长
043　经历
113　质地
167　阅读（一）
205　阅读（二）
279　写作历史
331　附录

373　后记

成长

1. 屁股决定脑袋
2. 真实的边界
3. 用哲学思索这个世界
4. 思维要有品质

1．屁股决定脑袋

张　莉：在设想中，我们做的这个对话录首先是关于作家个人成长的口述史，当然还有他文学世界的生成史、他小说作品的成长史。我们第一部分就先谈作为一个人的成长吧。童年经历对一个作家特别重要。我们先谈一下你小时候性格的形成，生活环境。

毕飞羽：说起性格就不能不谈父母，这是很现实的一个事情。我的父亲有点特殊，身世很迷离，他至今都不知道他是从哪里来的，究竟姓什么也不知道，很年轻的时候又受到了政治上的打击，这样的人你不能指望他柔和，他几乎就不说话。父亲是家里的压力，所以我很少在家里。除了辅导我学习，我们之间真正的对话并不多。我们可以很好地交流已经是我做了父亲之后的事了。我的父亲对我很放任，除了学习，别的就什么都不管了。他做事情很知识分子气，其实就是书呆子气,很笑人的。有一次,我做了出格的事,打了人,他让我写了一份检查,站到人家的家门口去朗诵,还贴在人家的家门口,这件事给我极其深刻的记忆。父亲大概就是这样的一个人。我的母亲是一个标准的乡村教师,师范学校毕业的,在那个时代的乡村,属于"高级知识分子"了,师范学校的学科很杂,但主要是音乐、体育、美术,什么都学,什么都会那么一点点,什么也不太好。她能说会道,能唱能跳。我母亲很漂亮,性格外向,很活泼,还会打篮球,这在乡村女性中间是很罕见的。如果不是因为她的出身,我估计她是不会嫁给我父亲的。对我们这个家来说,母亲是重要的,如果没有我的母亲,我的父亲能不能活到"文革"结束都是一个问题。我的父亲和我都很感谢我的母亲。

张　莉:你觉得自己像父亲还是像母亲?

毕飞宇:我一直觉得我和我的父母都有点像,有些分裂。你很难说我像父亲或者说我像母亲。不过,我热爱运动一定是从母亲那里遗传过来的,从会走路到现在,我没有离开过运动。这么说吧,在人堆里头,我有点像母亲,到了独处的时候,我父亲的那一面就出来了,在工作的时候,我可以很长时间不说话,好几天不说话都是很正常的,一个人,闷在那里,好像和谁闹别扭了,其实,和谁都没有别扭,我就这样。

张　莉：你父亲好像对理科或者天文什么很感兴趣？

毕飞宇：他不是真的对那些感兴趣，他被打成右派以后，他自己也会总结，他之所以这么倒霉，一是因为写，二是因为说，又写又说，出问题了嘛，他就是因言获罪的。等他到乡下，他既不敢写，也不敢说，没事干了，他对数学、物理的兴趣是这么来的。

张　莉：你就在父母下放的地方出生的？

毕飞宇：我们家不是下放的，是父亲出了严重问题，送到乡下去的。我就在乡下出生了，一生下来环境就很好，农民哪有那么复杂？不管政治的。我的母亲是教师，你帮着人家的孩子识字、识数，人家就对你好，这是很简单的事，乡下人的逻辑就是这样简单。在村子里，我的父母很受尊敬，他们把对我父母的尊敬转移到我的身上来了，他们对我格外宽容。孩子其实很势利，他能感觉得到。因为这个宽容，我也养成了一些坏毛病，身上有骄横的东西。孩子其实很势利，不是他胆子大，是因为他知道，你做了什么都不会有严重的后果。

张　莉：犯了错没有惩罚。

毕飞宇：没有的，一般的事情人家也不告状，在外面打架了，一看陈老师家的儿子,算了。在乡下,大多数乡亲不是看在我父亲的脸面上,而是我母亲。我母亲的人缘极好,我犯错了,人家哪里好意思到"陈老师"那里去告状。

张　莉:你小时候做过什么特别出格的事,或者特别骄横的事?

毕飞宇:过了十岁之后,我的情况开始不妙,越来越过分,时常有人来告状。

张　莉:比如拿弹弓把人打了?

毕飞宇:主要是打人家的母鸡。我的弹弓主要是打鸟的,可是,鸟太小,不过瘾,后来就打鸡。鸡可是农民的命根子,人家靠鸡蛋生活呢。我做得最出格的一件事还不是打母鸡,是打玻璃,我们学校的玻璃都是被我打碎的,用弹弓打玻璃是一件十分刺激的事,很恐怖,主要是玻璃的破碎声很恐怖。回过头来说,人在少年时代是有犯罪心理的,就喜欢做自己不敢做的事情。那时候我就喜欢听玻璃被击碎的声音。我写过一个短篇小说,《白夜》,我写了一个坏孩子,用弹弓把一个学校的所有的玻璃都打了,那个其实是我自己干的。我的父母哪里能想到是我呢,夜里头我躺在床上,听他们在叹气,我非常紧张,怕,但是也得意。

张　莉：你这样说，我想起《平原》，那里的很多乡间儿童生活应该就是亲身经历。也就是些孩子做的坏事。

毕飞宇：从什么时候开始做大坏事的呢？就是村子里有了知青之后，开始干大坏事了。

张　莉：什么算大坏事，那时多大？

毕飞宇：十多岁吧，反正有知青了，我们一起偷东西。

张　莉：偷鸡，还是偷钱？

毕飞宇：不是鸡，也不是钱，是吃的东西。我一般不是主犯，主要是跟着。

张　莉：那知青也就是二十来岁。

毕飞宇：我不大记得了，在视觉上，他们都是大人。你也知道，我是教师家庭出来的，道德观比较强，我第一次偷东西的时候非常害怕，得手之后几乎就是狂奔。可是，知青偷了东西之后特别镇定，严格地说，不像偷，更像拿，脚步很慢，一点都不慌。这个给了我极深的印象，我很崇拜他们。

张　莉:为什么知青们偷了东西没人找,村里人为什么不去找？

毕飞宇:怎么找？知青偷了东西之后当晚就吃了,你找谁去？只有不点名地骂,心照不宣罢了,一般来说,我的工作是放哨,都是从电影上学的。回过头来想想,知青选择我放哨是对的,我是教师的孩子嘛,形象很好,也就是所谓的好学生,怀疑谁也怀疑不到我的头上来。我就站在不远的地方,贴在一棵树上,手里拿一个小砖头,一旦有情况,扔出去。有了动静,一线的作案人员就不动了,就那样站在夜色里头,谁也看不见。开一个玩笑,我和知青的关系就是汉奸和鬼子的关系。

话说到这里我特别想说电影或者艺术,我们看到的电影都是宣传"好人好事"的,可是,帮助我们成长的,却是那些坏人和坏事。这很有意思。——艺术到底拓宽了善还是拓宽了恶,这是一个值得研究的话题。

张　莉:两种拓宽肯定都存在。我对知青的理解大部分来自"知青文学"。现在想想,大部分也都是由知青写的。你刚才说的这个知青生活和我们在文本中所读到的知青生活有差距。

毕飞宇:这个问题非常重要,所有的"知青文学"都是知青写的,这是一个问题。我的《平原》为什么一定要写知青,原因也在这里。

对我个人来说,知青是重要的,他们在我的精神史上起到过特别重要的作用,但是,知青文学不该只有一个作者,还有一个作者是不能缺席的,那就是土生土长的村子里的人。

张　莉：知青总是强调自己的苦难经历。

毕飞宇："知青文学"面对的其实是两样东西：一、反思"文革"；二、大地书写。同样是这两个问题,村子里的人和他们真的有区别。知青贡献了一个侧面,我只是想说,另一个侧面不该忽略。我觉得有一件事"知青文学"做得不够,那就是他们和农民的关系。知青和农民是有交叉点的,文化补充、利益分配、性。

张　莉：《小芳》那个歌,"村里有个姑娘叫小芳",是知青回城后写的,现在看那里面的情感比较复杂,是不是骗了人家姑娘就回城了,然后一去不回杳无音信？没有人知道。一旦故事变成了歌曲,就浪漫化了,反而遮蔽了其中的残酷。

毕飞宇：是,这里头必然存在一个立场问题。是此岸还是彼岸,是树上还是树下。

张　莉：树上还是树下是什么意思？

毕飞宇：在春天，一些动物会发疯，狗、猪、牛都有可能发疯，发了疯的牛是极可怕的。万一管理不善，这些发了疯的牛就会跑出来。疯牛过来了，会爬树的人会爬到树上去，站在树上看，那些不会爬树的呢，只能在大地上跑。一旦你在树上，你也会害怕，但是，这害怕和没有上树是不一样的。在我看来，在许多问题上，知青是树上的人，而真正的农民一直在树下。这是完全不一样的。

张　莉：阎连科有篇文章，叫《我的那年代》，他说中国文坛轰然兴起的"知青文学"，把"下乡视为下地狱。把一切苦难，大多都直接、简单地归为某块土地和那土地上的一些愚昧"。这让一直就是一个农民的他很不理解，"可在知青下乡之前，包括其间，那些土地上的人们，他们的生活、生存，他们数千年的命运，那又算不算是一种灾难？"这个问题问得，饶是尖锐。农民出身决定了他对知青和知青文学的看法很不一样。看起来都写农村，但内在很不一样。

毕飞宇：说起来很简单，屁股决定脑袋，但是书写的时候，这个细微的区别是巨大的。

2.真实的边界

张　莉：直觉告诉我，你童年的阅读经验很重要。

毕飞宇：童年我已经读了一些长篇，记忆深的一个是《剑》，是抗美援朝的军事题材，当时觉得好得不得了，后来读中文系，大学课本上也没见到介绍，我很奇怪。《高玉宝》《欧阳海之歌》当然读过。还有一本书更不能不提，那就是《闪闪的红星》。这本书的影响巨大，因为电影。虽然那时候还很小，但是，我要说，小说更吸引我，我记得小说似乎是第一人称的，在潘冬子的母亲死后，小说里头一直缠绕着伤感的情绪。那时候还不懂什么叫"伤感"，但是，看得"难过"，这个感觉有。因为"难过"，那就放不下了。我至今还记得阅读《闪闪的红星》的场景，放寒假了，整个学校全空了，就在一所空校园里，我挑了一间空教室，一个人在里头读书。后来我的母亲叫我回家吃饭,我明明听见了,却不理她,她站在操场上大叫我的名字,我就站在窗户的旁边,很有乐趣。

张　莉:属于少年的乐趣。《闪闪的红星》我看的是电影,看得很开心。

毕飞宇:对了,我想告诉你,我从小很害怕寒暑假,因为我的家在学校里,一到寒暑假,全空了,所有的教室都是空的,全是桌椅,门窗上贴着封条,感觉很不对的,它让我有一种说不出的孤独感,天天盼着开学。谁不害怕孤独呢?尤其在童年和少年的时代。因为寒暑假,我的童年和少年非常孤独,不知道如何才能打发时间。我的同班同学有很繁重的劳动,他们哪里有时间和我玩呢。

张　莉:你那时候很感性——比如《青春之歌》,或者"三红一创"那样的小说,你看过吗?

毕飞宇:没有。在十岁之前,我不可能读这样的书。小男孩子读书有标准的,那就是打仗,有英雄,和看电影一样。孩子读书有孩子的经验,先看插图,如果插图里有战争的场面,那就是好书,如果插图是一个老人在油灯底下读《毛选》,这样的书就不看了。像《创业史》这种不打仗的书我是不可能看的。

张　莉：有没有原因是你父亲不让你读？

毕飞宇：在我的记忆里，我的父亲几乎不读当代文学作品。关于他的阅读，我唯一的记忆是古典诗歌。但是讲老实话，这也不是吹嘘自己的早慧早觉，真正对我内心起作用的还是唐诗。

张　莉：唐诗是父母让你背的？

毕飞宇：不是，当时家里没有一本唐诗宋词的书。可父亲毕竟是读过私塾的人，底子很好的，夜里头，他喜欢默写他读过的诗。对了，叶兆言也是这样的，只要一开会，他就在那里写，不知道的人以为他在做笔记，其实他是在默写唐诗。父亲有一本手写本，全是他手写的。我并不知道那些就叫"唐诗"，我在《小崔说事》里和崔永元聊过，我父亲的字写得极漂亮，我那时候还小，也不知道"漂亮"的标准是怎么建立起来的，但是，我第一次看到父亲的字就知道了，他的字是漂亮的。在我五岁的那一年，父亲用红墨水的钢笔给我写了字帖，我就描。到了初中毕业那个阶段，我的手写体几乎和我父亲的一模一样，后来到县城去读书，我的老师看到这个乡下孩子的字那么漂亮，就在全班传阅，我可得意了。有一次，这个老师拉肚子，上厕所的时候忘了带擦屁股的纸，就让学生去替他拿，没有一个学生愿意帮他，他就被困在厕所了，后来还是我送过去的，就因为他多次在全班表扬我。我的字是后来写小说写坏掉的，越写越烂,烂到自己都不认识的地步。那时候我的女朋友帮我誊写手稿,她认识,我反而不认识。

张　莉:哈哈,这个去厕所给老师送纸的事情。你的字也不能说坏掉吧,还是很不错的。

毕飞宇:这也不是什么大事,就不说它了吧。因为父亲的字好,没事的时候,我就把他的手抄本拿过来,一看就是好长时间。慢慢地,我对唐诗有了一些认识。这些认识和大学的课堂没法比,但是,我个人认为,这些认识比大学的课堂还重要。老师的讲解太正确了,没有误解,也没有心照不宣,更没有自然而然的韵律,我说的是唐诗的语感与节奏,许多东西,如果你在童年或少年时代当作玩具玩过,它就会成为你的肌肤。我不太赞成早期教育,那个是没用的,但是,我相信早期的陪伴,还有玩耍,在你的童年,只要是陪伴过你的,或者说,你当玩具玩过的,那你就很难摆脱它的影响。应当说,我对语言美感的建立是比较早的。

张　莉:《小崔说事》里,你关于"接天莲叶无穷碧,映日荷花别样红"的分析很有趣。我记得你有过一篇文章,写你对周扒皮故事的理解。读那个东西的时候,我想到,你的这种质疑肯定来自于你的童年阅读经验,这个故事给你的刺激太深,使你成年后不断回想、发现破绽,不断要指出它的问题。

毕飞宇：高玉宝的这个事情给我记忆太深刻。

张　莉：问题是，你什么时候觉得这个故事逻辑不通的？

毕飞宇：谢谢你问这个问题。有一次，我父亲辅导我写作文，我不记得是三年级还是四年级了，他让我把一首诗改写成一篇记叙文，是地主欺压小孩子的故事。我还记得，什么"大雪纷飞""寒风呼啸"这些词都用上了，这些词在一个乡下孩子的那边已经是很高级的词了。我写道，孩子的身上"一件衣服都没有"。我父亲说，怎么可能"一件衣服都没有"呢？我就说，地主剥削农民，农民很穷，哪里有钱买衣服呢？父亲说，再怎么样也不能"一件衣服都没有"，孩子会冻死的。我嘴上不敢说，心里头很不服气。我父亲修改作文的时候极其霸道，作为一个语文老师，他的上衣口袋里永远有一支红墨水的钢笔，他红色的笔迹不停地在我的作业本上划拉，其实就是删。一篇作文几乎都被他划光了，全删了，连"寒风呼啸""大雪纷飞"都删了。我非常生气，都想咬他。

张　莉：但是，这样的删掉多棒啊，逼迫一个孩子面对事实。

毕飞宇：长大以后，我已经是一个职业作家了，我依然会经常碰到这样的问题，我的工作就是虚构，但是，有一个东西我必须面对，那就是基本事实。这个基本的事实可以分两头来说：一个是现实的基本真实；一个是逻辑上的基本真实。就虚构而言，逻辑的基本真实是可以突破现实的基本真实的，但是，依然有它的边界。

张　莉：边界这个说法好。

毕飞宇：什么是"真"，这是一个哲学范畴里头的事情，但是，作为一个小说家，你永远也不能回避这个问题。从更大的范围里头来说，"真"的问题是一个认识论的问题，和哲学家不同，对于我们这些写作的人来说，"真"的问题又是一个实践的问题。有一点我想补充一下，我们中国人在对待"真"这个问题上其实是特殊的，西方人注重客体，也就是"真"本身，而中国人呢？强调的是主观感受，最终成了一个抒情性的东西。在这个问题上，东西方文化是有差异的。汉语其实是一种偏于抒情的语言，而不是逻辑。

张　莉：小说家要讲逻辑——我记得你也说过你小时候看"伤痕文学"的经验，你对那些创作有疑问。我想了一下，你当时大概应该是在十四五岁左右。

毕飞宇：我开始读"伤痕文学"是1979年，十五岁。这个不会错，我是1978年进县城的，我可以跑县图书馆了。

张　莉：“伤痕文学”也算你少年阅读的启蒙吧。后来你反复说读"伤痕文学"的经验，我发现你写东西都有个特点，你会不断地跟你最初遇到的那个作品斗争，反刍，回顾，反省。

毕飞宇：先对你说点别的，我在十四岁的那一年自己觉得是个成人了，这一年我离开了父母，一个人来到了县城，住在一个远房亲戚的家里。我学会调整自己就是在这个时候。无论如何，这不是你的家，无论亲戚对你多好。在我看来，多大岁数不重要，一旦你离开了父母，你就自然是大人了，你说话的口气都会不一样，人人都会夸你，说你长大了，这里的代价只有自己知道。因为有这样的经历，在孩子十八岁之前，我不会让我的孩子离开我的，不管他会丧失怎样的机遇。我要保证我的孩子在他爸爸面前生活到十八岁。

张　莉：当然，父母对孩子最重要的是陪伴，陪伴他长大。

毕飞宇：说到"伤痕文学"，我要告诉你的是，进城之后，我让父亲为我办到了一张图书馆的读书证，这个是很关键的。一有空我就去图书馆的期刊室，我阅读王蒙、丛维熙这一代右派作家作品就是在这样的时候，因为父亲是右派，我对这些作家有亲近感。

张　莉：印象比较深的小说很多吗？

毕飞宇：太多太多了，一时也想不起来，《大墙下的红玉兰》《我应该怎么办》《天云山传奇》《窗口》，这些作品印象很深。慢慢地，也发现问题了。那时候许多小说都有一个共同的特点，在五分之四的时候，或者说，六分之五的时候，"英明领袖华主席一举粉碎了'四人帮'"，然后，一切都好了。这也不能算是多大的问题，可是，读得多了，我自然有疑问，为什么总是这样呢？任何东西重复到一定的量就可笑了。十四五岁的孩子都是自作聪明的，当时我想，我要来写，会变一变的。差不多就在这个时候，我已经开始写小说了。我要感谢王蒙，他那个时候有一本书，叫《当你拿起笔》，我读过许多遍，这本书可以看作我的第一本"写作指南"。对我来说，王蒙还有一个重大的意义，在新时期，他引进西方的小说修辞是最早的，他那个时候也很有争议。在今天，许多人在谈起先锋小说的时候很容易疏忽王蒙，这个是不对的，没有王蒙，就没有后来的先锋小说。在我读高中的时候，王蒙开始"意识流"，我第一次看到"意识流"这三个字的时候有点蒙，在上个世纪80年代初期，对一个乡村孩子来说，要理解"意识流"的确有点困难，但是，不理解也无所谓，我就模仿，那模仿不是自觉的，举一个例子，王蒙在《夜的眼》中写道，咣当一声，夜黑了。这样的叙述很吸引我，可是，当我把类似的句子用到作文里的时候，我的语文老师就不满意。可我在心里是不服的，还骄傲，觉得他们老土，用今天的话来说，他们out了。年轻人都有这样的阶段，突然觉得自己的老师"跟不上"自己了，内心狂傲得不行，可是，外人一点也看不出来。都是孩子的心思。

张　莉：王蒙其实在很长一段时间的文学史里是走在前面的，他的作品和思考具有前沿性，他其实是嗅觉极灵敏的作家。我知道你不是第一年就考上大学的，你爸爸对你很失望。高中的时候已经开始投稿了吗？

毕飞宇：我第一次投稿是1979年。十五岁。

张　莉：哪个杂志？

毕飞宇：肯定有《人民日报》，那个时候《人民日报》的副刊发表短篇。王蒙的《说客盈门》就是在那里发表的。我也给《小说选刊》投过稿。那时候我有一个小本子，上面全是刊物的地址，是我在县图书馆的期刊室里抄写下来的。

张　莉：问题是《小说选刊》不发原创啊。

毕飞宇：当时不知道啊，那个时候怎么可能懂这个。

张　莉：都是什么小说？故事情节记得吗？

毕飞宇：主要是模仿"伤痕文学"和早期的"改革文学"。学"伤痕文学"我就把自己弄得很凄苦，学"改革文学"我就把自己弄得很激愤。我第一次读蒋子龙的时候就被他迷住了，他的文字不是哭哭啼啼的，他的语言男人气重，气场大。突然读到蒋子龙，我特别高兴。蒋子龙对我很有意义，那时候，小说人物的性格大多是雷同的，可是，乔光朴这个厂长很不一样，作为一个中学生，我读完了《乔厂长上任记》就不停地给同学讲，可是，没有人对我的话感兴趣。另外，蒋子龙的北方语言也吸引我，工厂叫"厂子"，二氧化碳叫"碳气"，这些都是我不敢想象的。

张　莉：当时铁凝有一篇《没有纽扣的红衬衫》，安然，也是个有性格的人。你知道我是河北保定人，她是我们那儿的骄傲，所以，虽然那时候我小，但她的新作家里人也都读的。

毕飞宇：那时候我还没注意铁凝，对我来讲，一个孩子，是不可能知道"生活"的，也不可能对"生活"感兴趣。作为那个时代的中学生，我感兴趣的只能是"山河人民"，只有和"国家"有关的主题才引起我的注意。现在回过头来想，铁凝那个时候写《没有纽扣的红衬衫》是匪夷所思的。

张　莉：那时候你也算有你的文学趣味了吧？比如你开始认为只有"山河人民"那样的小说才是好小说。

毕飞宇:是的,必须是"山河人民"的。我们这一代人都是这样,在我们使用语言的时候,它的立意必须是"从小到大"的,要不然就没有意义。我在中学阶段的每一篇作文都是这样的,和其他同学唯一不同的是,我那个时候已经开始仿写王蒙和蒋子龙了。

张　莉:然后老师给什么成绩?

毕飞宇:我模仿王蒙老师没有发现,但是,模仿蒋子龙却被老师看出来了。我觉得自己很厉害,可是作文本发下来,老师给了我一个评语:模仿的痕迹太重。——原来他也在读蒋子龙。我非常羞愧,整整一堂课都抬不起头来,这件事我到死也忘不了。多年以前,我第一次见到了蒋子龙,本能就是想躲,不好意思,后来一想,嗨,他又不知道,为什么要不好意思呢。

张　莉:哈哈,语文老师喜欢你吗?

毕飞宇:语文老师对我都很好。在同学里头,我的词汇量算大的,老是喜欢用冷僻的字去吓唬人。对了,还喜欢引用格言。那时候,我的所谓的求知,就是到处去抄录格言。

张　莉:你复读那年一直想考中文系吗?

毕飞宇：我复读不只一年，考两年。

张　莉：两年，是因为数学不好？

毕飞宇：这个说起来有点复杂。数学肯定不好，最主要的原因还不在这里，主要是和父亲的矛盾，关系越来越僵。你不是希望我数理化好吗？那么，来吧，我就不好好学。我在数学上肯定没有天分，但是，如果用功，对付考试一定没有问题。那时候，我是自暴自弃的，反叛嘛。

张　莉：是叛逆期。

毕飞宇：一个人的长大和吃亏都是从反叛开始的。另外，我在初中阶段的数学基础也有问题，在初中阶段，因为缺少师资，我的数学老师是食堂的会计。

张　莉：什么意思，是会计的工作使他没有足够时间教你们吗？

毕飞宇：他有时间教我们，但是问题是什么呢，那个老师我至今很尊敬，也是一个非常好的人，但是有一个致命的问题，孩子都是很势利的，那时候，我们知道老师是食堂的会计，就欺负他，谁听讲谁可耻，要被孤立的。真正进入高考阶段，我的数学到处都是问题，——因式分解是问题，函数是问题，到了解析几何，我基本就完蛋了。我很少做噩梦，只要是噩梦，一定和考数学有关，主要是解析几何，18分的题目啊，要不就是20分，这个噩梦缠绕了我很久。在我工作之后，为了避免噩梦，我特地把高中数学捡起来，再学，我想把它学好了，可是，没用，要么是油印的卷面不清晰，要么是破的，梦都是折磨自己的，它是魔障，道高一尺，魔高一丈。

张　莉：这经历我也有，拿到数学卷子不会做，或者看不清题之类，噩梦总与考试有关。

毕飞宇：很惨。

张　莉：高考制度的产物。

3.用哲学思索这个世界

张　莉：你是1983年考到扬州师范学院？

毕飞宇：1983年。我是9月15号报到的，那是一个阴雨天。

张　莉：十九岁。扬州师范学院对你来说是特别重要。

毕飞宇：要分两头说。我拿到通知书的时候是在小巷子里，就我一个人，极度失望。扬州不够远。年轻人就是这样，希望远一点。虽然我的普通话很不好，可是，1983年9月15号之后，就再也没有使用过兴化方言。放寒假的时候，大家都回家了，同学们又开始说方言了，可我坚持不说，为此，差一点被我的同学群殴。他们不喜欢我这样，可我绝不退让。他们就说我"甩"。最可怕的还是在家里，我对我的父母也用普通话，在他们和我对话的时候，他们几乎都不会说话了，很陌生，两边的语言对不上，即使到了这样的地步，我也没有退让。不说方言可以保证我"在远方"了。——这重要吗？我也不知道，可是，在那个时候，我就是这样的。

张　莉：这太奇怪了吧？问题是你说普通话的经验从什么时候开始的，按理应该是到大学那个环境后才说普通话的吧？

毕飞宇：哪里有经验，都是瞎说，那时候也不像现在，中学里头不要求教师说普通话的。我只有一个标准，只要不是我原来的方言就是普通话。

张　莉：这有点洗心革面，告别旧我的意思。

毕飞宇：也不是，也没那么严重，我就是希望自己"在远方"，1983年9月15号之后，在说话的时候，我再也没有使用过兴化的方言。

张　莉：我觉得这事儿太匪夷所思了。因为我知道，男生说普通话、改变家乡话是特别漫长和艰难的过程，一般来讲，女孩子进大学后很快就变了，但男生很难。你是个案，我能理解你身边人的反应，这个改变对他们来说一定太怪异太别扭了。

毕飞宇：我能把普通话说得稍稍有点样子已经是1988年了，这是我当了教师之后的第二年，因为那一年我开始教汉语，这是我自己要求的。教导主作听说我要教汉语，表情很怪异，为什么呢？教汉语就必须教语音，要示范的。我是怎么教的呢？在课堂上，我不用教学磁带，我让北京的、河北的、哈尔滨的学生做示范，说是教，其实是学。虽然舌头不行，耳朵还是练出来了。

张　莉：那时候也有北京的学生？

毕飞宇：有，每个班都有几个。

张　莉：扬州师范学院在当时应该不算全国很好的大学吧？

毕飞宇：我这里所说的学校指的是我工作之后的学校，南京特殊师范学校。至于扬州师院的中文系，我想这么说，扬州师院肯定不能说是一所多好的学校，但是，中文系真的好，最起码不差。

张　莉：可这个学校在我印象中真的是很了不得，有王小盾、汪晖、葛兆光等杰出校友。

毕飞宇：是的，其实这一切也不是没有原因的，"文革"之中，苏北逗留了一批高校老师，大部分都是政治原因，他们发配到这里来了。"文革"结束之后，扬州师院把他们挖了过来。任仲敏教授是这么来的，曾华鹏教授也是这么来的。你想啊，在我读本科的时候，也就是80年代前期，我们扬州师院都有博士点了，这是很不容易的。任老可是泰斗级的人物，脾气很大，手里有棍子，在路上看到学生的不良习惯，打人的，是真的打，不和你闹着玩。曾老师给我们上过课，德高望重。

张　莉：那可能是扬师最好的时候。

毕飞宇：可以这么说，在20世纪的80年代，扬州师院的中文系是它的高峰期。

张　莉：那时候汪晖老师还在那儿读书吗？

毕飞宇：那时候他已经毕业去北京了，他的母亲教我们英国文学。不过，葛兆光在。

张　莉：他当时不是学生吧？

毕飞宇：不是不是，他在历史系任教了。没课的时候，我远远地在教室的外面望着他，我很崇敬他。

张　莉：我在清华读研时，当时葛老师也在社会学系，我选过他一门课。

毕飞宇：真的吗？我其实并不了解他，只是读过他的论文。葛兆光的上午第四节课很有特点，为了让学生早一点吃午饭，他往往要提早十五分钟下课。校长找他，他说："我的课我说了算。"是不是真的也不知道，反正大学就是这样，学生喜欢谁，就会有谁的传说。

张　莉：那时候葛老师很年轻吧？

毕飞宇：很年轻。不过，在我的眼里，再年轻他也是大人物。

张　莉：曾华鹏先生是你的老师？

毕飞宇：曾华鹏真是父亲一样的人，他是我一生的老师。

张　莉：我看到你和他的一个合照，非常拘谨。

毕飞宇：是的，对曾老师我很恭敬，在他面前我从不放肆，我很拘谨。

张　莉：他教你们现代文学？

毕飞宇：是的，严格地说，是给我们讲专题，就是鲁迅。我对曾老师这样尊敬是有原因的，在我二十岁左右的时候，曾老师给我送来了五四的精神和启蒙的意义，我是一个写小说的，曾老师对我的意义有多大，不需要说了。我想说，权威是重要的，精英也是重要的，可以设想一下，如果当年讲授鲁迅的不是曾老师，而是曾老师留下来的一个研究生，也许他们的讲稿没有太大区别，但是，效果一定有区别。人文学科就是这样，学问重要，教授的人格魅力一样重要，学生的态度会很不一样。

张　莉：想起来，你说过，你上大学时也读王富仁先生。

毕飞宇：当然，像我这样的中文本科生怎么能错过王富仁呢，他是一个思路宽阔的学者，他很少是从文学到文学。他是独特的。

张　莉：这个评价很准确。他跟我们聊天时也是这样的。他也说文学，但总是还会从文学荡开去，历史、现实、当下，非常开阔，非常有激情，四五个小时地聊天，真的是，从这样的聊天里，能深刻体会到那一代知识分子身上深厚的人文情怀，他们是有情怀的一代人。

毕飞宇：这么一说就要回到80年代了，那时候，在学术上，很少跨界。王富仁给我的阅读记忆就是跨界了，很厉害。当然了，让我来谈论王富仁有些不恭了，那时候我就是一个普通的本科生，能懂多少？很有限的。我第一次知道你是王富仁学生的时候，我很高兴，虽然我至今都没有见过王富仁，但是，能和他的弟子聊聊，也很好了。我很羡慕你，能有这样一位开阔的老师。

张　莉：谢谢你这么说。我很荣幸能跟随他学习。作为他的学生，我也的确很想知道当年人们对他的认识和印象。

毕飞宇：我第一次见到王富仁这个名字，印象很不好，觉得他是一土地主，就是把喜儿变成白毛女的那个人。你也知道的，我们小时候读的书，坏人差不多都是这样的名字。

张　莉：他还真因为这个名字被批斗过，因为又"富"又"仁"嘛。

毕飞宇：真的吗？这太戏剧性了。

张　莉：你在扬州师院的时候，认识吴义勤馆长吗？

毕飞宇：他是师弟嘛，八四级的。他一直都是一个好学生，属于认真刻苦、踏踏实实读书的那一类。

张　莉：扬州师院的重要性对你是一生的。

毕飞宇：扬州师范学院对我来讲最重要的是两件事情。因为在校的学习是系统的，这个系统帮助我建立了一个粗略的坐标系，有了一个文化史、文学史、哲学史和美学史的大框架，你对本科教育也不能抱有太大的希望，能把这个坐标系粗略地建立起来，可以了。再怎么说，这个坐标系是重要的，无论面对什么，你可以用这个坐标加以比较。第二个事情就是开始了诗歌的创作，我在中学阶段主要是读小说，到了大学，那个时候很有趣，大家都写诗。事实上，在我的大学四年里头，我没怎么读中国当代文学的作品。

张　莉：当时你写完诗歌在哪儿发表？

毕飞宇：主要是自己的刊物，那时候我主编了一本校园诗刊，搞得热火朝天的。

张　莉：校刊在当时的大学都很活跃。你是文学社长？

毕飞宇：我是。我刚刚进校，学校就搞诗社了，主要是我们中文系的几个学长，其实我是跟在他们后头混的，可是，高年级的同学很有气度，他们看了我的诗，说，诗社要想长久，最好让低年级的学生来做社长,他们就选了我。我去找院长(校长),申请经费,院长也同意了,这样刊物也就办起来了。那时候的风气和现在区别很大,每个年轻人都觉得自己是要干大事的样子,学校的行政风气也健康。我估计现在的学生要见到院长都不是一件容易的事。

张　莉:也是。大一的学生就当社长,不简单。

毕飞宇:那时候很有意思的,我一个小屁孩,约高年级的师兄、师姐谈话,约稿,请他们修改稿件,挺有意思的。那个刊物叫《流萤》,为什么要起这么一个名字呢?那时候我的手上正好有泰戈尔的《流萤集》,我就把刊物命名为《流萤》了。听说这个刊物现在还在呢。

张　莉:还能记得你写的诗吗?

毕飞宇:记不得了。记得我也不告诉你,很丑。

张　莉:后来有没有公开发表?

毕飞宇:发表过,很少。那时的编辑几乎没人搭理我,我就一天到晚到处投稿。折腾到大三,我差不多不再写诗了,原因很简单,新生来了,商业经济管理系有几个小师弟太有才了,他们把他们的诗作拿到我的面前,我一看,他们比我写得好多了,从此,诗社的主人就是他们了。

张　莉：当时是什么契机让你开始写诗的？

毕飞宇：主要是氛围，那个时代的诗歌氛围太浓郁了，每个人都在谈论诗歌，我估计盛唐也不过就是这样，我觉得比盛唐还要厉害，盛唐写诗可以做官，我们那个时候写诗完全是出于热爱。一进中文系，想写诗歌的欲望自然而然就起来了，对，没有契机，一切都是自然而然的。那时候到处都是大学生诗社，最著名的大概要数华东师范大学的"夏雨诗社"和西南师范大学的"非非"了，虽然没有得到主流社会的认可，但是，我至今认为，"夏雨"和"非非"诞生了许多杰出的诗人，许多名字我都不清晰了，有把握的是华东师大的张小波，他的诗歌超出了我们那个时代。

张　莉：上大学的时候，你也在读小说吧？

毕飞宇：这个时候读小说主要是读西方小说了，我们中文系的学生有一个特点，读小说其实是家庭作业，老师布置的，你必须读，读不过来，老师就组织我们看资料电影，就是那些由世界名著改编的电影。到了大三，我不写诗了，慢慢地想研究诗歌，这样一来就开始接触美学，没多久，就拐到哲学上去了。我的阅读拐到哲学上还要归功于诗歌评论，诗歌评论里有许多小圈圈，也就是注释。

张　莉：哪些诗歌评论，比如……？

毕飞宇：最著名的就是"三个崛起"，围绕着"三个崛起"，产生了许多诗歌上的话题。

张　莉：谢冕、孙绍振、徐敬亚。

毕飞宇：对呀。和谢冕、孙绍振比较起来，徐敬亚的评论气场更大，轰隆隆的，很适合年轻人的口味，是观念大于论证的。对于那个时代来说，尤其是对于我那个年纪的大学生来说，观念比论证重要，徐敬亚的文章让我无法入睡，我一下子就喜欢上了。我喜欢读这些也有背景，我高中阶段就订阅《文学评论》了，我估计全中国没有几个中学生会订阅这个。我订《文学评论》也有原因，有一天，大概是高二，我在看一部小说，父亲拿过去，翻了翻，说，写序的人比写小说的人有水平。这句话吓了我一跳，我就记住了，写评论的人是"有水平"的。这句话我到现在都同意，许多时候，出版社给我寄过来一本书，小说真不怎么样，可是，序言写得十分漂亮。

张　莉：《文学评论》，——你当时除了订这个杂志，还有别的期刊吗？

毕飞宇：你是说中学时代？还有《长春文学》。

张　莉：为什么是《长春文学》？这个选择好奇怪。

毕飞宇：当时有一个长春电影制片厂，很著名。长春既然有电影制片厂，那么，长春的文学一定很好，这就是我当时的逻辑。

张　莉：这就是孩子的逻辑嘛。但看得出你一直爱阅读。

毕飞宇：我的阅读拐了许多次弯，到了大三，已经拐到哲学那里去了，我是大三开始阅读康德和黑格尔的，对我来说这个损失比较大，浪费了太多的时间。我必须老老实实承认，那时候我根本不懂，直到现在我阅读康德都是很吃力的。我一直不懂得一个常识，文学可以自学，哲学是不可以的。可我那个时候不懂这个，经常为哲学里的概念伤脑筋。是盲目的自信让我阅读康德和黑格尔的，浪费了许多时间，几乎没有收获。人在年轻的时候都有这个阶段，不可理喻的。我一直觉得，每个人都要经历人生的三个时代：第一，童年时代的艺术时代；第二，青春期之后的哲学时代；第三，中年之后的史学时代。你可以不做艺术家、哲学家、史学家，但是，在精神上，人其实是要从这些地方经过的。童年时代你要模仿这个世界，青春期你要思索这个世界，中年之后你要印证这个世界，这些都是人的本能。所以，说来说去，在大学阶段，我在哲学上浪费那么多时间也不算冤枉。

张　莉：难怪你小说一上手就"形而上"，原来跟读康德有关。

毕飞宇：我读康德完全是和自己较劲，有一本书上说，读康德十五页就会发疯，我被这句话害苦了，它刺激了我，那时候我多自信啊，二十岁前后哪有不自信的？哪有自己不能解决的问题啊，一头就扎进去了。每天夜里，我就在过道的路灯下面读康德，确实读不进去，很苦闷。为了入门，我把蒋孔阳先生的书找来了，这就是著名的《德国古典哲学》，其实是科普性的，这本书我读了差不多一年。读完了，回过头来，又开始读《判断力批判》，还是不行。我没有发疯，但是，自卑是真的。差不多就是在那个时候，我开始阅读朱光潜了，我觉得朱光潜很了不起，严格地说，他是翻译家，不是原创性的哲学家，可是，他的书有一个特点，深入浅出。他的书我可以读懂。《西方美学史》我选择的就是朱光潜先生的那个版本。对于像我这样的读者来说，我们太需要朱光潜这样的学者了，功力深厚，语风极好，从不故弄玄虚，从不以己昏昏使人昭昭。邓晓芒先生也有这个特点，读他们的作品你会相信，哲学虽然深邃，但是，毕竟是人类的思想，不是占卜，也不是星盘，我们这些没有特异功能的普通人也可以享受哲学的美。

4.思维要有品质

毕飞宇：想起来了，我之所以走进这样的黑洞可能还是和我的父亲有关，那时候还在乡下呢，在70年代后期，他突然迷上了逻辑学，我指的是形式逻辑，后来，他就给我开讲。一个孩子哪里能懂什么逻辑学呢？什么概念、大前提小前提、概念的周延不周延，头都大了。现在回忆起来，我的父亲在苏北的乡村实在是个搞笑的人，很喜感的，他带着儿子，一天到晚在那里画逻辑方阵，都在弄些什么？简直就是一对神经病。

张 莉：不对，你这么说不对，这不搞笑。我想到《地球上的王家庄》。你父亲很令人尊敬。

毕飞宇：你没有摊上，你摊上了你就不这样说了。不过，我很喜欢我们家的夜晚，那时候，一般的家庭用的是小油灯，可是，因为母亲要批改作业，必须用罩子灯，父亲要学习，也要用罩子灯。两盏罩子灯放在桌子的对角，很亮。他们的身影分别在两面不同的墙上，这让我很安宁。

张　莉：这个景象很迷人，父亲不断出现在你的小说里是有道理的。

毕飞宇：我说过，我父亲很少说话，但是，在晚上，看书看高兴了，他也有心情好的时候，我们就聊一聊。之所以和我聊，是因为没有人和他聊，他聊天的内容远远超出了我的能力，他喜欢抽象的东西，其实，我也喜欢抽象，抽象是很美的，很高级。举一个最简单的例子，两个桃子，再加两个桃子，等于四个桃子，这有意思吗？一点意思都没有，可是，$2+2=4$，这就不一样了。这里的2和4就因为不代表任何事物，却可以涵盖所有的事物，它拥有了理性的正当性、合理性，很铁血，你必须服从，它构成了全人类的思维秩序。两个桃子再加上两个桃子，猴子会高兴，也可能会打架。$2+2=4$呢，可了不得了，全人类都找到了共通的路径。抽象是重要的，不及物的精神活动才能构成所谓的精神活动。

张　莉：我觉得你对哲学的热爱非常影响你写小说，让你的小说和其他人的气质不一样，一开始就不一样。

毕飞宇：无论我们怎样谈论小说，写小说毕竟是一个很高级的思维活动，想象是高级的，抽象思维也一样高级。但是，在谈论小说的时候，我们会抓住想象，肆意地发挥，有意无意地回避抽象思维。作为一个写小说的，我从来不会低估想象对于小说的意义，当我强调其他东西的时候，采取的是"不用多说"的姿态。人物的形象、人物与人物之间的关系，的确需要我们运用想象，可是，人物性格的走向，人物内部的逻辑，这些都是抽象的，想象力并不能穷尽。我始终认为好的作家应当是想象与思辨并举的。

张　莉：抽象能力，或者对世界的整体认知能力对一位优秀小说家非常宝贵。一个没有抽象思维能力的小说家走不远，这毫无疑问。你真该庆幸父亲为你打下的这个基础。说到你和父亲的关系，从《写字》到《地球上的王家庄》，你写的父子关系，有一个变化轨迹，你的年纪越大，父亲的形象在你小说里越来越重要。

毕飞宇：这里头有一个特殊情况，我要描写"文革"，可我自己是1964年的人，所以，父辈在我的写作里一直是重要的。写着写着，我就要写到父辈那里去，和我父亲的关系倒也不是特别大。

张　莉：但你也不能否认，你父亲给你奠定了一个基础，你认识世界或者理解世界的基础。

毕飞宇：这个也难说，我意识到父亲对我重要是三十岁之后的事，在此之前，我们的交流其实也不多。我想还是我喜欢读书对我的帮助更大。在我们那个时代，我的阅读是一件特别有趣的事情，我的书是从哪里来的呢？我根本不知道，简直就是老天爷送来的。那个时候乱哪，有时候，垃圾堆上就有几本书，有的干干净净，有的又脏又破，有时候呢，就丢在小巷子里，也没人去拣。那时候我有一个习惯，遇上垃圾堆，总要停留一下，遇到书了，就拿起来看一看。如果喜欢，就在屁股上拍几下，带走了。我十七岁那一年阅读卢卡契就是这样的，那么厚，每天读一点。读书给人的心理暗示是很奇怪的，如果我读了一本很冷僻的书，走在大街上你会有一种没有来路的自信心，心里头想，他们没读过，我读过了，就会高兴起来，像占了什么便宜。内心的骄傲就是这么产生的。这是很标准的少年的心。

张　莉：没错，读到好书就是这感觉。你少年时就有这样的感受力，让人惊讶。刚才你说从垃圾堆里捡书看的经验很奇特，这完全超出了我的经验。

毕飞宇：父亲对我的作用是规整，并不是有意识的，但是，他在规整我。有一件事我记得很清楚，那是1976年夏天，在中堡中心小学的梧桐树荫底下，聚集了很多乘凉的人，我和一个小伙伴在那儿吵一个什么事情，我们的声音比较大。父亲突然走了过来，说，你刚才那些话有没有逻辑性？这句话让我觉得自己犯了很大的错误。

张　莉：哇，这个场景。

毕飞宇：父亲对我的思维品质有要求，这个不是一般的家庭可以做到的。如果我对他说一件事，说得生动，有层次，也会得到表扬的。如果我用了一个比喻，他也会说，这个比喻好。

张　莉：这是教育，是启蒙。早前一些研究者总会从你的文本中发现激烈的父子对抗的东西，相关文章也很多。但其实，父亲是你成长的基石。

毕飞宇：我父亲这个人真是有意思的，哪怕在吃饭，他也处在一个批改作文的状态里头。他对日常生活几乎可以说毫无兴趣。他就是这样，领导讲话念了错别字，他一定要纠正过来。他是右派，必须的。但是有一点我是占了我父亲的便宜的，他对思维品质一直都有很高的要求，他在无意识地给我提要求，他非常在意一个人的思维模式，在我看来，天才是存在的，天才又是不存在的，为什么这么说呢？所谓天才，其实就是你的思维模式适应了一样东西，比方说，数学，比方说，诗歌。这种适应可以有两种途径，一种是巧遇，一种是训练。每个人的思维模式都有可能适应一样东西,也可能排斥另外的一样东西。我的思维模式就很不适应数字的运算,即使是加减,到了两位数我就需要时间了。

经历

1. 孤独是有价值的
2. 自行车上的坚持
3. 《雨花》中绽放
4. 城墙下的夜游者
5. 《孤岛》的心很大
6. 作家与批评家的有效对话
7. 鲁迅文学奖
8. 告别先锋的《叙事》
9. 为人的姿态
10. 电影《推拿》
11. 《青衣》《玉米》的译介
12. 南大教授

1. 孤独是有价值的

张　莉：你大学毕业以后，就分到了南京特殊教育师范学校。工作了五年。在这个时期，你开始写小说了，后来也开始发表小说了。

毕飞宇：1987年我被分配到了南京特殊教育师范学校，这一年我二十三岁。发表处女作已经是1991年，四年过去了。

张　莉：我很好奇，你什么时候从写诗歌转成写小说的？

毕飞宇：我静下心来决定写小说就是1987年的10月。你可以想象一下，如果不读研，一个人在二十三岁的时候其实是非常痛苦的，刚刚工作，一无所有，一事无成，时间又太多，你干什么呢？到了晚上就更加糟糕了，没有电视，没有电脑，读书也读不进去。

如果那个时候有手机、有电脑,我的人生也许就不一样了。回过头来想,我觉得我的写作来自于孤独,我承受了孤独的痛苦,也享受了孤独的利益。是什么让一个人能量饱满?是孤独。我是一个看见了孤独价值的人,即使是现在,我也是不应酬的。

张　莉:那时候你教的课不多吗?

毕飞宇:不多。我在每天下午都要干一件事,踢一场足球,后来又加了一项,学声乐。晚上主要就是小说了,先读,后写。

张　莉:奇怪,为什么学声乐?

毕飞宇:也没有理由。我们住的是集体宿舍,一个音乐老师跟我一个房间,老是和我聊音乐,学校里正好有一个女高音,我就去跟她学去了。

张　莉:学了多长时间?

毕飞宇:一年多。

张　莉:你唱歌有了很大的进步吧?

毕飞宇：也没有。如果当年学的是流行唱法，估计进步会比较大，但是，我学的是美声，美声玩的就是功夫，一年几乎学不到什么，勉强打开而已。

张　莉：我听过施战军老师唱歌，唱得好。也是听他说的，你唱歌唱得特别好，但我从没听你唱过。

毕飞宇：我早就不唱了。基本功本来就不扎实，后来的生活习惯又不好，熬夜，抽烟，这些东西对我的嗓子损害非常大，我现在已经打不开了。学美声其实就是搞体育，不练你就不行了，身体达不到要求。

张　莉：你早期的写作状态是怎么样的，比较狂热？

毕飞宇：很盲目，就是写了投，投了退。年轻实在是个好东西，不怕打击，心里头永远有希望，我想我的心理素质不错，怎么退稿都没有打垮我。那时候可不像现在，托个人什么的，那时候没有这些，骨子里也瞧不起这些，我有许多毛病，但是，有一条是好的，我敢硬碰硬。我就是投，反反复复地投。

张　莉：最近我看新闻，好多作家都说到八十年代他们收到退稿的经历，很普遍，莫言阿来苏童都说过。可能现在网络时代的年轻人不能了解退稿的意味,退稿意味着这个作家的文字完全没渠道被更多人知晓,根本没网络微博微信可贴。好像是余华说的,他当年投了退退了投,但也有些原则,先从重要刊物开始投,一级一级往下走,你那时候也是这样吗?

毕飞宇:《人民文学》《收获》《钟山》《花城》《作家》,就这几家。有人告诉我,这几家比较好,比较难,但是,一旦发了,关注的人多。所以我就盯着这几家投。

张　莉:回过头说南京特殊教育师范学校吧,这里给你的最大收获是什么?我想知道,比如说《推拿》,从理论来说,这是一个命里会有的作品,因为你在这个地方工作过。

毕飞宇:这个事情我要说很抱歉,我的确在南京特殊教育师范学校当过老师,但是,这所学校里并没有残疾人。我在学校里讲授的也不是专业课,是文艺美学,还教了一段时间的现代汉语。从生活积累来看,我写《推拿》和我的职业没有关系,但是,我关注残疾人比较早,这个是真的。当教师最大的收获是什么呢?两个方面吧:第一,你不再是一个学生了,你是一个教师,虽然年纪相差不大,但是,你要有一个长辈的心态,否则你和学生是没法相处的。第二,语言的表达。无论一样东西多复杂,你都要想办法去表达它,你不能说,我心里头明白,但是我说不出来,这句话一个教师是没有资格说。当教师使我坚定不移地相信了语言的力量,别人可以相信"一切都在不言中",你不能信,你要相信语言是可以表达的,哪怕你表达得并不好。但是,我当教师的时候没有和盲人相处过,这个我不能吹牛。

张　莉:大家的推理是这样的,你自己好像也说过的,你的学生,后来当了盲人学校的老师,这样你和盲人之间建立了"关系"。

毕飞宇:这个是对的。我后来可以和盲人建立起良好的关系,我的教师身份很重要。他们信任我。还是回到我的教师生涯来吧。就在我当教师的时候,我认识了一个人,他就是范小天,那时候他在《钟山》编辑部工作,我给他投稿,他不回应,我就去编辑部找他,我们就这样认识了。应当说,他是我文学上的第一个领路人,他给我讲了许多写作上的事。虽然他在早期没有选发我的作品,但是,他给了我很大的鼓励。我告诉他,你最好发我的作品,我会给《钟山》增光的,他告诉我,你还需要磨炼,这是《钟山》,我不可能拿《钟山》的声誉跟你打赌。

张　莉:这个对话太搞笑了。

毕飞宇:也就是那个时代,换了今天,人们会觉得是两个神经病在说话。这是千真万确的事情。几年之后,1993年,我把《祖宗》

写好了，送给了范小天，我终于得到他的认可了。在我还在学爬的时候，是范小天扶着我，让我站了起来。

张　莉：你认识丁帆老师也很早？

毕飞宇：是的，很早。丁帆我很尊敬，他是一个很特殊的人，善良，诚实，无私，他的身上有古风。他一直在批评我。有一天，我终于受不了了，问他，你怎么老是批评我？他说，尼玛，我不喜欢的作家我从来不批评。认识丁帆之后，我认识了王彬彬，后来王彬彬也去了南京大学，我想说，南京大学的这些朋友是特别的，整个南京大学都是特别的，他们的身上有很诚挚的东西，绝不市侩。他们很可能无法成为你的朋友，但是，一旦做了朋友，会成为你终生的挚友，他们很直截，如果你没有足够大的心脏，没有对文学有力的爱，你会无法承受。我喜爱这样的朋友，我也需要这样的朋友，二十多年过去了，我至今还在他们的身上汲取营养。

张　莉：南京是一个文学之城，有很多作家。当时你应该知道陆文夫他们。

毕飞宇：刚到南京的时候，苏童和兆言还没起来，大家谈论的是陆文夫、高晓声，重点是周梅森。对，那时候周梅森很热，他的民国系列大家都很关注。

张　莉：你当时也看他们的书？

毕飞宇：看。但在感觉上，陆文夫和高晓声离我们有些远了。那是一个怎么写的年代，也许在方法论上我不会在意什么。那个时候我在意的是马原，我要看他怎么写。

张　莉：重点是，你到了南京，开始进入一个重要的文化氛围。

毕飞宇：当时马尔克斯和博尔赫斯也还在流行着。

张　莉：你也迷过他们？

毕飞宇：主要是文学批评与潮流的力量太巨大了，你在那样一个潮流里头，不迷说不过去，这也正是年轻的特点。——为什么我写小说的时间要晚一些，原因也在这里，刚刚读大学的那会儿，我大量的时间都耗到诗歌上去了，从热爱这个角度出发，我对诗歌的兴趣也许更大一些，但是，很可惜，我的天分不在诗歌上。我的思维模式偏于具象，其实更适合叙事，也就是小说。小说像几何，而诗歌很像微积分，我的几何学得很好，到了微积分，我几乎就是一个傻瓜。可是，人在年轻的时候盲目啊，大家都写诗，我怎么可以不写诗？我们要做出一副瞧不起小说的样子，写诗去。不写诗，和女同学怎么说话呢？从诗歌出发，后来就偏到诗歌理论上去了，再一偏，又偏到美学上去了，再一偏呢，就偏到哲学上去了，然后，大学毕业了，什么也没有学到，到处都是一知半解。可是，我现在一点也不后悔。第一，诗歌毕竟锻炼了我的小说语言，第二，拥有了哲学的阅读能力，这个对我还是有帮助的。等我决定写小说的时候，我已经大学毕业了，我也没那么愚蠢了，我要知道西方的现代主义是如何"汉化"的，所以，就认真地研读马原。

张　莉：马原的哪篇小说对你影响比较大？

毕飞宇：不是哪一篇，是那种寻找小说的方法，还有调调。

张　莉：比如，"我就是那个写小说的汉人马原"那句话？

毕飞宇：是。在当时，他对我最大的帮助是他提供了一种十分新颖的小说思维，这个是很有意思的。马原是一个汉人，但是，"汉人马原"这个说法就有意思了，它说明了一件事，马原并没有处在"汉文化"的文化环境里，这就构成了文化上的距离，是带有魔幻性的，"我就是那个叫马原的汉人"呢，这就比第一人称小说多了一个元素，"我"不再是叙述的角度，也是叙述的对象，这个是很有意思的。对了，那时候还有一个作家，叫洪峰，现在的人不怎么提他了，其实洪峰是一个很好的作家，我至今还记得我读《瀚海》的情景，《瀚海》写得很好,在当时,我觉得这样的小说是不可思议的。

张　莉:只是他们两个吗?

毕飞宇:不能说只是,我只能说,在西方现代主义的汉化过程中,我选择了他们。我必须承认,我研读过马原,在我的内心,我至今把马原当作我的老师,当然,他不会认我这个学生的。

张　莉:当时也不是你一个人视马原为老师吧,我看以前的资料,余华格非他们那批先锋派作家,也都视他为老师,有一阵,据说年轻作家都"言必称马原"。你仿写是在1991年那时候吗?

毕飞宇:不是,是80年代,1991年我已经开始发表作品了。在80年代我为什么要仿写呢?这就要说到我的太太了,那时候还是女朋友呢,她一直帮我誊写。有一天,她对我说,你的语言里头怎么有那么多的关联词呢?

张　莉:这个问题问得真好。

毕飞宇:这个问题吓了我一大跳,我意识到了,我花了很多的时间读哲学,我的语言已经染上哲学腔了,一点都不像小说的语言,这可怎么好呢?我毕竟还有自省的能力,我把我的小说拿过来读,一读,发现问题了。第一,偏于思辨;第二,过于逻辑。这其实是一个问题。我就开始解决这个问题,开始训练。我要求自己每天用一些时间,手不能停,不停地写,瞎写。为什么要这样做?只有这样,你才能打破你思维上的逻辑惯性,你不能允许自己使用逻辑。这个训练对我的帮助很大,越写越开放,越写越自由,那可真的是满纸荒唐言。

张　莉:还有这种训练方法啊?

毕飞宇:每个人的训练方法不一样,有些人天生就乱,那他就要规整;我在大学期间花了不少时间读哲学,思维模式比较规整,喜欢抽象,对我来说,需要乱。这个过程对我来讲有一年多的时间,我房间里面很多纸,上面都是胡言乱语。对,我玩体育也是这样的,训练上很有一套。

张　莉:你那样乱写,其实是在跨一个坎,找自己的语感。

毕飞宇:当年这个障碍不克服的话,我觉得我跨不出去的。

张　莉:"乱"也许是一种放松,释放另一个自我,对作家早期也许很重要。

毕飞宇：是不是很重要我其实也不知道，但是，从后来的发展脉络来看，那样做似乎是对的。有一点我需要补充一下，我那样做也不是十分的清晰，不是目的性很强的那种，多少带有游戏的色彩，反正就是和自己较劲，哪有艺术家不和自己较劲的呢？我到现在还在和自己较劲，这是一个艰辛的过程，也是一个充满了乐趣的、甚至是童趣的过程，像哄着自己玩。写小说有绝对严肃的一面，也有嬉戏的一面，否则，哪里会有那么多的人去写小说。总之，对我来说，写小说的过程既是一个争取内心自由的过程，也是一个刻苦训练的过程。

张　莉：我很相信刻苦训练的。上研究生时，我曾经要求自己每天抄写一段伍尔夫的《普通读者》里的某段文字，就是想向她学习一种表达，很笨吧？但我相信很多写字的人暗地里都有一段或长或短的训练过程。

毕飞宇：你也许注意到了，我很少谈自己的才能，老实说，我对自己的才能是满意的，可我更愿意谈论训练。我是教师家庭走出来的，很小就知道训练的意义。受过训练的才能和没有受过训练的才能是不一样的，受过训练的才能更可靠，不容易走样。你可别小瞧了"走样"，这可是大事。你看看体育，专业训练过的和业余选手永远不一样，一出手就不一样，任何人都能看得出来。文学其实也是这样的，只不过许多人不知道罢了。

张　莉：行家一出手，就知有没有。有些作者一出手就知道不是"石头缝里冒出来的"，是经过训练的。

毕飞宇：我喜欢运动，喜欢田径、足球、乒乓球，认识不少专业人士。专业人士有一个共同的特点，动作很漂亮，越是水平高的专业人士，动作就越是漂亮。这个"动作漂亮"其实就是力量的流畅与合理，没有浪费，没有别别扭扭的感觉。小说其实也是一样的，语言越是生动、准确，就越是漂亮，顺畅嘛，合理。我同样认识许多高端人士，他们在自己的领域里成就斐然，可是，偶尔给我写封信，那个语句真是叫人不敢恭维，别扭死了，标点符号都用得不是地方，读起来呼吸都困难。我在《雨花》做过多年的编辑，不少年轻人真的很有才华，可是，作品始终不对劲。他们就问我，我为什么写不好？我说，你的量还不够，等你写到一定的字数了，许多问题自己就发现了，自己就解决了。

张　莉：三年的写作经验和十年的写作经验肯定是不一样的。我现在也很信任"量"这回事儿。有些门道需要自己悟。

毕飞宇：我刚才说到了"走样"的问题，这个问题其实挺重要的。每个作家都有自己擅长的领域，也有自己不擅长的领域。在许多时候，到了我们不那么擅长的领域里，我们的小说就很容易走样，也就是大失水准。但是，如果一个小说家受过比较好的训练，大失水准的事情一般就不会发生，你可以差一些，但是，不至于惨不忍睹。以我个人的经验来看，四十岁往往是一个分水岭，年轻的时候依靠狂热、冲击力，可以很炫目的，但是，一过了四十，如果你底子不好，不扎实，作家很容易"走样"，这个时候就很容易千疮百孔。

张　莉：写作可能跟体育的训练还是有些差别，有时候一位写作者的走样可能最终换来另一种风光。但是，还是要基本功好。如果语言表达能力不过关，其他就都不用谈了。是不是你从做教师的时候就注重自我训练？

毕飞宇：是啊，我还做了一个工作，把海明威的东西拿过来，夜里没事干的时候，拿一张纸、一支笔，把他的小说整篇整篇地往下捋。我曾经打过一个比方，一片叶子，你说这个叶子是怎么长起来的呢？没有人知道，但是，这个叶子已经枯了，那你就拿在手上抖一抖，除了脉络，别的都掉光了。回过头再看叶子，简单了。那时候我很年轻，也是无聊嘛，我就干这个，玩得津津有味的。还是那句话，只要你喜欢，你总有办法。

张　莉：这个方法啊，我读篇好的学术论文的时候会用，读完后写一下刚才这个论文的脉络，琢磨一下文章是从哪里来要到哪里去，如果有必要，也要思考一下这个作者的思想来源等问题。读文章要看作者是怎么写到这里来的,他的逻辑是什么,怎么就走到这里了。——你现在提到当时那段经历挺得意吧?

毕飞宇:就觉得好玩,津津有味的。谁说的?热爱是最好的老师,千真万确。有一天夜里我用很长时间把《乞力马扎罗山的雪》拆解开来的时候,内心非常激动。那是一种什么感觉呢?像童年的某一个春天,傍晚的时候,一切都好好的,一夜暴雨,第二天,世界全变了,满地都是青芽,你目睹了大地最神奇的力量。

张　莉:哎,这个比喻很形象。

毕飞宇:这么多年了,从我二十多岁,一直到现在,小说一直陪伴着我。我很骄傲的,这么多年,除了写小说,我什么都没干过。就算我是一个傻瓜,我想我也能把小说写得有点模样了。对了,那时候我身边还有一个文学小组呢。

张　莉:文学小组,这个是在什么时候?

毕飞宇:就是1987、1988、1989年。那时候,我在做教师,我的同事里头有好几个写作爱好者,他们在图书馆工作,没事的时候,我们就在一起聊。其实我想说的是,一个作家的成长,文学小组是一个捷径,文学小组最大的作用就在于它能让你每天把更多的精力用于探索和实地考察，这真的非常重要。

张　莉：什么叫"实地考察"，读小说还有实地考察？

毕飞宇：面对一个作品，大家讨论。都是不自觉的，也没有什么目的，很自然就这样了，那时候我们是真正的文艺青年，每一天的闲聊都很高级。

张　莉：格非老师在清华给我们上研究生课，讲过一件事情。应该说是在上海吧，他和余华还有苏童，在一个旅馆里面讨论某篇小说，掰开了揉碎了谈，讨论人家是怎么写的，这句话的意思是什么。他告诉我们，这个讨论过程对他非常重要。这跟你刚才说的差不多，只不过你当时还没有余华和苏童这样的朋友，而是另外一些朋友而已。但看起来那时的小说家们起步都有这样的过程。

毕飞宇：当时我印象最深的是南京的一个朋友，他在另外一所学校，到了周末，他就过来，有一天夜里，我们差不多聊了一夜的昆德拉，还跳霹雳舞。他聊得真好，霹雳舞也跳得好，比我强多了。我很佩服他，觉得他前程远大，可惜，1990年的年底，他做生意去了。

张　莉：人各有路。有些人聊得很好，讲起怎么写怎么写头头是道，但不一定写得好。反而是聊得不好的人可能写得好，最后会写出来。我看莫言的一个资料,他好像也说过,他不是他们军艺宿舍里最能聊的,但却是最能写的。聊文学对小说家早期看起来还真有用。

毕飞宇:很幸运,在 80 年代,我赶上了一个文学的尾巴。现在请人聊文学不容易了,要花钱。

2．自行车上的坚持

张　莉：好像是，1992年的一天你在新街口走着走着，看到一个招聘广告，然后你就去了《南京日报》，是这样的过程吗？

毕飞宇：是这样的。这个时候我已经开始发表处女作了，也许处女作对我的调动有所帮助。

张　莉：对，那个在《花城》，——可我听上去觉得这事很有戏剧性，很奇妙，你说走着走着，看到一个招聘广告。

毕飞宇：没有戏剧性哪，就是这样，我是在新街口的邮局看到广告的，《南京日报》就在对面，老南京都知道这个。我过了马路，交了两块钱，就报名了。

张　莉：你怎么看见的？

毕飞宇：无意间看到的，我去报名的时候，其实身上没有两块钱，我那两块钱是跟别人要的。

张　莉：借的？

毕飞宇：不是借的，是要的。我拦住一个人，告诉他我想去报名，身上没钱，你能不能帮助一下，人家就给了。

张　莉：然后就是你很快参加面试，然后就通过了？

毕飞宇：哪能那么简单，考了七轮呢。就在考试的同时，因为《南京日报》和南京电视台是在同一个楼里面，我又看到了南京电视台的招聘广告，那正是媒体高速发展的前夕，我也报了南京电视台，两边都考试了，两边都参加了面试。

张　莉：不会吧，你别告诉我这两个单位都录取你了。

毕飞宇：没有，南京电视台的面试我迟到了，一屋子的人，都贴着墙坐。我迟到了，一下子冲了进去，两个台长坐在一张三人沙发里，只有两个台长的中间有一个空座位。我那时候已经做了五年教师了，我不能退出来，那样太委琐了。我就在两个台长的中间坐了下来，一坐下去就知道我完蛋了。我是最后一个面试的，因为知道自己完了，那就玩呗，我就和面试官逗趣。他拍着自己的大腿，不停地拿经济学的问题刁难我，我也拍着自己的大腿，像个年轻有为的后备干部，考察来了，很爽的。

张　莉：哈，看来电视台的面试肯定过不了。结果《南京日报》要了你？

毕飞宇：是的，就到《南京日报》了。在《南京日报》待了六年。

张　莉：在《南京日报》，你写的报道并不多吧？应该是每天在不务正业地写小说。

毕飞宇：当时有一个特殊情况，我的住家还在南京特殊师范学院，我1992年的时候已经结婚了，家还在学校里头，我的家离报社多远呢？八十分钟的自行车，一个来回，就是一百六十分钟，所以，我几乎每天都要早退。在这里我是需要感谢《南京日报》的，我不会说《南京日报》对我的写作有多支持，可是，没有干涉，已经很让我满足了。回家之后，我先去踢足球，晚饭之后，趴在写字桌上睡一觉，为什么要趴在桌子上睡呢？那是因为我不能上床，一上床就起不来了。我要靠肩膀的疼痛把自己叫醒,差不多九点,我就醒来了,一醒来就写,写到深夜两点,有时候三点。

张　莉:这个上班路程,今天真难以想象。你那时的写作有点"头悬梁锥刺骨"的意思。

毕飞宇:我年轻的时候体能和精力都是不错的,要不然我支撑不下来。老实说,我人生的起点很低,就一个普普通通的乡下孩子。在我的人生道路上,我的体魄帮了我很大的忙,你要想做点事情,你必须付出,这个付出首先是体能上的,这是很公平的事情。现在想起来也真是,我在年轻的时候体能上的付出是巨大的,多亏我的身体了。当然,我在报社里面可以睡个午觉。

张　莉:那你们报社领导是不是对你很有意见?

毕飞宇:还好,那时候媒体的压力也没有现在这么大,1992年嘛。我想我不至于招人讨厌,不过,在《南京日报》,我估计喜欢我的领导大概也没有。总体上来说,《南京日报》对我还是很友善的。

3.《雨花》中绽放

张　莉:是因为发表了《哺乳期的女人》才去《雨花》杂志社吗？你在那儿更宽松更自由了。

毕飞宇:对。《哺乳期的女人》得了首届鲁迅文学奖了嘛，江苏作协开始关注我了。那时候周桐淦是《雨花》的主编，他对我很关心，说爱惜也不为过，因为他的帮助，我就去了《雨花》。其实，做一个专业作家是最理想的，那时候专业作家也没有受到后来的广泛批评，但是，我不愿意做专业作家，很难说为什么，我情愿去杂志社做一个编辑。我自己觉得业余的写作状态更适合我。我在很小的时候父亲就鼓励我独立思考，我不会跟风，也不喜欢人云亦云。在大事上，我从来都是自作主张，挑自己最合适的道路。

张　莉：那儿的同事对你应该很宽松吧？

毕飞宇：对，《雨花》对我很宽松，那真是没说的。

张　莉：你在那里看起来很愉快。

毕飞宇：我很怀念王臻钟和杨承志时期的江苏作协，尤其是杨承志女士，她是一个官员，很善良。我在她面前没少说不合时宜的话，她却很大气，从来都不计较的。如果换一个位置，把我换作她，我很可能做不到的。她早就离开江苏了，可我们至今保持着很好的友谊。我对她是可以讲心里话的。

张　莉：我听到过一个说法，说你在做编辑的时候用过一个笔名，叫华正宁，因此毕飞宇老被人叫作华正宁，这很好笑，你的字写得很清楚，怎么被念成这个名字。

毕飞宇：我的字没有问题，可是，我的信是别人写的，一潦草，可不就成"华正宁"了。

张　莉：你算是个好编辑吗？

毕飞宇：算。我当教师的时候，很多人觉得我吊儿郎当，其实我是一个好老师，很敬业，到了编辑部，我给人印象依然是吊儿郎当，但我一样很敬业。不知道为什么，也许是写作的缘故，熬夜嘛，我始终给人不负责任的印象。其实我不是这样的，我是一个有责任心的人，你从我的文风里头可以读得出来。

张　莉：你跟你的作者交流吗？

毕飞宇：我会约作者来认真交流。在《雨花》的时候，我发了许多头条小说，都是处女作。

张　莉：有没有发掘出写得不错的作者？

毕飞宇：有啊，庞余亮，他的小说处女作就是我编辑的。我编辑的作品还得过全国奖呢。当然，最让我自豪的还是庞余亮。他真是一个很好的小说家。

张　莉：《雨花》杂志社这段时间算不算你特别重要的时期？

毕飞宇：在《雨花》我写了《青衣》《玉米》《平原》《地球上的王家庄》，那些年我很舒服，每个星期我去两三次，好好做编辑，工作做完了，回家，差不多就是这样的。

4.城墙下的夜游者

张　莉：你有一本书，里面有王彬彬老师给你写的评论。

毕飞宇：那个集子叫《是谁在深夜说话》。

张　莉：对。王彬彬写的跋，题目是"城墙下的夜游者"。这个说法跟你当时的形象很贴合。

毕飞宇：我和王彬彬认识是特别有价值的事情，他的脑袋特别大，我这里说的"脑袋"可不是生理意义上，我指的是这个人的精神结构。我们聊天聊得很多，因为他战斗性比较强，所以，许多人忽略了他的学养，他是一个读书很多的人，几乎就是我的字典。我的另一个字典是叶兆言。遇上问题了，我总是给王彬彬或叶兆言打电话。王彬彬对我的帮助太多了，我总是剥削他，他看了什么书，我就和他聊。对我来说，王彬彬还是警钟，过些日子就响一下。他的批评马力特别大，他一巴掌过来绝对不是抚摸的，绝对是让你眼睛里面冒火的。

张　莉：是啊，他火力很猛。他当年的很多批评文章，比如批评金庸批评王朔，今天看依然有道理，并没走火。《并未远去的历史背影》一直在我的书架上，几年前他寄给我的，从第一篇到最后一篇，我都认真读了，很锐利，受启发。

毕飞宇：如果我不写小说，我想我不会交王彬彬这样的朋友，但是，我写了，反过来就觉得王彬彬这样气质类型的朋友很可贵。

张　莉：前阵子读到他在《南方文坛》上的《要鲁迅，也要胡适》的文章，很好。他写你的那几篇评论也很中肯。

毕飞宇：他有一篇文章对我触动非常大。《风高放火与振翅洒水》，我没想到，像他这样的壮怀激烈的人，在赞成鲁迅的同时，能那么理性地看待胡适，这个文章是他精神上的一个提升，对我也是一个提升。我特别想说什么呢，一个作家的成长不是孤立的，和他周边的文化环境有千丝万缕的联系。我想这样说，一个作家的持久力，和他自己有关，有时候，和他自己也无关，它取决于你有多少精神上的挚友，他们未必会让你很舒服。如果你的身边只有那些相互吹捧和彼此安慰的朋友，你的未来也许靠不住。很简单，精神不是知识，它需要激荡，它需要活力，精神都冬眠了，一个小说家你还能指望他什么呢？真正的好朋友，是帮助你打开胸怀的那些人，当然，这里就有一个承受力的问题，没有承受力一切就都免谈了。

5.《孤岛》的心很大

张　莉:《花城》是发表你处女作的地方。

毕飞宇:是的,我的作品在《花城》发表有它的偶然性,也是必然的。

张　莉:为什么说是必然,因为你一直在给他们投稿吗?

毕飞宇:我还是"文青"的时候,一直都在给他们投稿。那时候,我对《花城》有一个判断,它更前卫,它更容易接受年轻人。《花城》到现在都有这个特点,有些时候它会走得比较远。

张　莉:《花城》在当时是走在前面的。

毕飞宇:《花城》一直有一个特点,相比较于《人民文学》和《收获》,它不稳定的。有几期,它很好,有几期,它又不好了。为什么不好呢？它要试验,它要推年轻人,这是我喜欢的,也是我的机会。我的直觉是,《花城》有可能给我一个舞台。

张　莉：你写过一篇关于《花城》编辑朱燕玲的文章,她是你处女作的责任编辑。在早期,你有一段时间经常在那儿发小说。

毕飞宇：不是我经常在那儿发小说,实际的情况是,那时候只有《花城》愿意发我的小说。那时候可不是现在,作家主要和出版社打交道,那时候,作品主要在刊物上发表,一个年轻人想在期刊上得到一次机会并不容易。1990年前后,文学的热度一下子下去了,年轻人的机会更少了。

张　莉：第一篇小说是《孤岛》。

毕飞宇：这个作品很少有人注意了,它有一点是很特殊的,它写于1989年,我几乎用了一年的时间才把它写完。我想告诉你的是,这个作品对我来讲有特别的意义。它有两个支点,中国的政治和中国的历史。写《孤岛》的时候,我并不十分在意文体,那时候,表达的欲望太迫切了,也许这个作品有些贪大,但是,在1989年,你要求一个二十五岁的年轻人不注重大问题那是绝对不可能的。那时的年轻人和今天的年轻人真的太不一样了，满脑子"山河人民"。说话说得好好的，能为一件和自己毫不相干的事情流泪，如果让今天的年轻人去看，他们也许会觉得我们在装，可是，装给谁看哪？大家都流泪。没有一个人会为此不好意思。那时候我们是多么的诚挚和激昂，就觉得少了我们绝对不行。朱燕玲女士，那个时候还是一个小姑娘呢，她从一大堆的自然来稿中替我把《孤岛》发表出来，我一生都感谢她。无论未来的读者如何看待《孤岛》，以它作为我文学人生的起点，都是一件令我自豪的事情。

张　莉："山河人民"，你说的气氛很重要。作家都会受到他所处时代的影响。有时候想想，为什么七〇后和六〇后作家关注的问题有那么大的区别，为什么八〇后的语气和关注点又不同？某种程度上，作家的气息和他所处的时代气质相伴而生是对的。不过，一个作家如何超越他的时代，感受到不一样的东西更重要，更有挑战力。

毕飞宇：我的心很大，那时候，我真正关心的并不是我能不能做作家，而是我能不能面对中国发言。所以，我再说一遍，一直以来，我最大的愿望就是作品能够发表出来，有读者，我可以发言，这就足够了。能不能出名，那些都不在我的考虑范围之内。对了，那时候全中国都没有文学奖,所以,能不能得奖,这些更不是事。我得奖比较多,有一次,一个记者问我,如果你不能得奖,你还会写作吗?我毫不犹豫就给了一个回答:当然,我一定会写。

6.作家与批评家的有效对话

张　莉：接下来是《人民文学》了，说起《人民文学》就必然说起李敬泽老师，是有一天李敬泽给你打电话吗？

毕飞宇：我和李敬泽认识是这么一回事：1994年，我在《作家》发了一个短篇，叫《枸杞子》，李敬泽在《人民文学》转载了，这是一件匪夷所思的事情，这样的事情大概也有只有李敬泽做得出来。几个月之后，我们在北京见面了，1994年，李敬泽只是李敬泽，还不是敬爷，那一年我们都刚满三十岁。

张　莉：当时李敬泽从《小说选刊》到《人民文学》了？

毕飞宇：已经到《人民文学》了，这对《人民文学》是一件非常要紧的事。

张　莉：你和李敬泽认识对你特别重要。

毕飞宇：我们见面是很普通的，就是在路边的小饭店吃了一顿饭，是吃饱肚子的那种性质，也说了一些闲话，我估计我们彼此都没有留下什么特殊的印象。那时候山东有一份报纸，叫《作家报》，有一天，我读到了李敬泽的文章，这一读吓了我一跳，那文章写得，太帅了。也就是从那个时候起，李敬泽开始了他的批评家的生涯。我要说，李敬泽这个人是很另类的，在文学圈内，许多人对自己都有一个错觉，觉得自己才华出众，李敬泽他刚好相反，在很长时间内，他似乎并不了解自己，他不知道自己拥有怎样的才华。这是一件不可思议的事情。这个也许和他的出生与成长有关，他遇见的牛人太多了，他没拿自己当回事。也许和他很年轻的时候就做文学编辑有关，他只看得见别人的闪烁，就是看不见自己。

张　莉：后来见面就越来越多了。

毕飞宇：后来我们又见面了，就开始聊，是晚上开始的，一抬头，天亮了。这差不多成了惯例，只要一见面，我们都会通宵达旦。可惜了，那时候没有录音，有很多东西真的很有价值，具体的我也想不起来了，但是我记得我的感受，很亢奋。认识敬泽是我人生的大幸，我要说，在他那里，我长了很大的功夫，他的天分实在是太好了。这样的情形差不多有十年，现在我们都这把年纪了，比较克制了，很少过凌晨两点。但我们在电话里还是长聊，上一次我们聊到了三点多，他说："这年头还有这样的傻瓜在聊文学，都几点了，睡觉吧。"

张　莉：这事儿真有意思。如果把聊天录下来，就是你们两个人的成长史了。

毕飞宇：你知道的，不会有人规定我们聊什么，但是，万事都有一个开头，开头很重要，我们从一开始就定了一个极好的调子，就是讨论，每一次都像学术研讨那样，我们的讨论很有质量，涉及面非常广，同时也很深入。他对我的影响是巨大的，无论是学养还是美学上的趣味，我都很信任他。信任有多种多样，但对艺术家而言，美学趣味上的信任极其艰难。

张　莉：是这样，作为读者或者同行，我觉得李敬泽和你的关系，特别让人感慨，我不是从他作为编辑的角度说的，是从他作为批评家角度理解的。你以前的很多小说，一发表，他就有一篇评论，比如《写字》《是谁在深夜说话》《玉米》《平原》《推拿》，你每一部重要作品，都伴随着他的评价。而且还是所有评价里最中肯的。

毕飞宇：你们看到的其实是表象，他的评论我也读过，鼓励的多，肯定的多，其实，私底下，他对我的批评一样尖锐。你知道我有多自负，但是，对他，我服气。所以，关于人生，我始终有一个认识，批评到哪一步，友谊就到哪一步。你千万不要被他笑容可掬的假象所迷惑，很温和，是的，特别温和，可他批评人的时候是非常厉害的，一针见血，我这么跟你说，他批评我的话要是搁在你身上，你不一定受得了。这个人在骨子里是极其有力量的一个人。

张　莉：我们这一代，是读他的评论长大的，我最近受人文社之邀编你的研究资料，有那么多的研究资料和论文需要筛选，掂来掂去，读来读去，我还是觉得他的评论不能删去，删了太可惜，一篇都不能少。他对你的重要性，一方面，他在你还不是一个很多批评家都认可的作家的时候，就给予了充分的肯定；另一方面，他的评价，别具路径，超过作家本人的理解，也超过所有同行的认识。

毕飞宇：我不知道这个世界上有没有这样的作家，他谁也不需要，他一个人，完成了一个圆融的文学天地，我显然不是这样的人，我要承认，我始终可以从朋友那里获得能量。所以我感谢敬泽，不只是感谢他的智慧，主要是感谢他的胸怀，其实，说白了，我的小说和他有什么关系呢？如果我写了一个好东西，人们只会把掌声给我，不会把掌声给他，这一点我想他是知道的，但是，他从不计较这些，他帮助过许许多多的作家，尤其是年轻的作家，他从来不在乎这些，他是一个特别大气的人。

张　莉：李敬泽是天生的文学批评家。他最大的优点在于他有欣赏美的能力，他有欣赏美、感受美、鉴赏美的能力。他从自己的阅读经验出发，从不同的作者那里挖掘出他们的不同，而这种不同又往往成为作家独特和纯粹的特征，具有说服力。而且，他也有强烈的文体意识，他的文字自成一体，他的批评使读评论不再枯燥与乏味，而变成了有趣的、丰富的阅读享受。某种程度上，衡量一位批评家的水平，首先要看他欣赏的那些对象，看他的鉴别力能不能经得起时间的考验。有的批评家，你把他的批评对象放在一起，过个十年二十年或者更久的时间，发现他喜欢他欣赏的作家都在文学史上消失了，或者以我们今天的审美看来那些作家根本不值一提了。那么，真遗憾，这个批评家的能力值得怀疑。但是李敬泽不会的。你把他的评论放在一起的时候，你会发现，他的评论本身就构成了90年代以来的中国文学发展史，他是和中国90年代以来的文学共同走过的。而且更重要的是，他的很多评论都有脱离对象独立存在的能力，他的思索和思考不依附于批评对象本身。这对一个批评家来讲，太重要了。

毕飞宇：这里面有一个很重要的问题。他很年轻的时候，在《小说选刊》，然后又到了《人民文学》，后来又主编《人民文学》，他的面广，格局大。

张　莉：他很敏锐，能保持一种对新生事物的感受力。最近我看他对八〇后作家比如甫跃辉，比如叶杨的评论，也都会受触动，他帮助读者打开了理解一位新作家的空间。而且，这个人，也是有包容性和接纳力的，他总是会不遗余力地向公众推荐优秀的同行。这需要胸怀。他把扶持年轻一代成长当成事业，年轻作家受益于他的推介，批评家们也一样，——我们这批七〇后批评家的成长，也得益于他的大力推荐。

毕飞宇：我经常对年轻的作家讲，要建立起自己的对话关系，也许年轻人以为我在摆老资格，其实我说的是自己的体会。和一个自己信得过的人建立起一种长期的、有效的对话关系，这对一个小说家的成长是很重要的。

张　莉：这也需要作家本人的领悟力。

毕飞宇：再和你讲一点别的。上半年，我在欧洲的时间比较长，和意大利、法国、德国、荷兰的批评家广泛地交流了一下，这些西方的批评家都说起了一个话题，说，西方的文学生态有问题，那就是作家和批评家老死不相往来，这一点不如中国好。我听到这样的话吓了一跳，为什么呢？因为我在中国时常听到相反的意见，说，中国的文学现状之所以不好，就因为作家和批评家距离太近了。——

这是两种完全不同的声音，我没有结论，但是，两种相反的意见就在我的耳边。哪一种是正确的呢？我没有结论，但我愿意把这个问题放在这里，那就让历史来检验吧。

张　莉：批评家和作家的关系很有意思，值得说的地方还是挺多的。我们这个时代，是不是对批评家和作家的关系太敏感了？别林斯基的时代当时应该是俄罗斯的黄金时代吧，他与普希金、果戈理、托尔斯泰、屠格涅夫都是非常近的朋友关系，但这不影响他的赞美或批评。有时候我想，如果别林斯基生活在我们这个时代会怎么样？他一定会被批评不专业、不职业的，因为他没有与作家保持"恰当的距离"。现在的媒体总认为，一个批评家如果不对作家口诛笔伐就好像缺少风骨似的。这是有问题的。重要的不是距离，重要的是批评家本身的独立性，他本身是否有品质。另外，在批评领域，常常强调批评家要对作家不留情面，似乎只有这样批评家才有他的独立性似的。这也值得商榷。王富仁先生对我们说，作家是有创造力的，是艺术家，批评家首先应该尊重他们，应该尊重同行的创造力。我一直记得。当年批判《废都》，很多评论家对贾平凹抡起大棒口诛笔伐，只有王富仁严家炎等少数学者保持了他们宝贵的艺术立场，对贾平凹的写作进行了支持。他们没有用狭隘的庸俗的道德标准去衡量一位艺术家，没有夹枪带棒地指责以显示自己"勇敢"。他们尊重作家在这个时代所做出的宝贵思考。一个批评家的批评需要勇气，一位批评家的褒奖也同样需要勇气。批评家重要的是独立思考的能力,是独立性,既不能为了赞美而赞美,也不能为了批评而批评。

7. 鲁迅文学奖

张　莉:《作家》在你创作经历中也很重要吧？她发了《哺乳期的女人》，后来获了鲁迅文学奖，对你是一个重要的关节点。

毕飞宇：写《哺乳期女人》的时候，我刚刚从死亡线上回来。

张　莉：发生了什么事情？

毕飞宇：我在《南京日报》每天要骑自行车，每天早上都是空腹骑车。时间久了，胃出了问题，我就去医院做胃镜检查，其实问题不大，但是，医生一不小心把我的胃动脉血管给弄破了，这一来问题大了，大出血，几秒钟我就晕过去了。我在医院里面躺了半个月，第十六天，我在医院里面实在待不下去了，就回家洗个澡。你知道的，胃出血不能吃东西,全靠输液,最多吃一点"软饭",我可是吃过"软饭"的人呢,我的身体非常虚弱,我记得我从浴缸出来的时候两条腿都在抖,站不稳的。后来我就半躺下了,我已经十多天没写东西了,很不习惯,我就拿了一块木板,顶在自己的腹部,就在那里写。开始是写着玩的,写着写着,像小说了,这就是后来的《哺乳期的女人》。我的手上一点力气都没有,笔画特别轻。这是1995年的事,现在回忆起来,那是我的第一个高峰,怎么写怎么有。写完了以后我就给《作家》了。

张　莉:当时就想着寄给《作家》?

毕飞宇:具体我也记不得了,反正就寄给宗仁发了。

张　莉:这个小说不错。

毕飞宇:多好也说不上,但是,宗仁发喜欢这个小说,那是一定的,以往,《作家》都是中篇第一栏,短篇第二栏。到了这一期,宗仁发把短篇放在了第一栏,这就可以保证《哺乳期的女人》成头条了。后来这个小说得了许多奖,还得了第一届鲁迅文学奖。不过说心里话,那时候我的心思真不在这里,我的心思全在我的胃上,就想着别再出大事。大出血对人的心理的确是有影响的,视觉上很吓人。我一直不敢喝酒,心理上惧怕,大出血太吓人了。

张　莉：我喜欢这个小说。快二十年了吧，这小说读起来一点也不过时，——听说现在拍成电影了？看到过报道，说国外反响很不错。

毕飞宇：刚刚拍完，电影的英文名字是《喂我》(*Feed Me*)，上个月刚刚在蒙特利尔电影节获得了艺术创新奖。

8. 告别先锋的《叙事》

张　莉:还有《收获》,《收获》是首发《平原》的,你在《收获》上发的没那么多。

毕飞宇：对。

张　莉:《平原》这个名字是程永新起的,这是你特别重要的一部长篇。发表后也有影响力。

毕飞宇:其实我在《收获》上还发过一个中篇,那个我特别喜欢,叫《叙事》,这个作品被提起的概率很低。

张　莉:评论资料里被提及得很高。

毕飞宇：是吗？我早期的小说里面，对这个作品我是有特殊感情的,这是一个告别之作,告别什么呢？告别先锋实验。我对自己说，最后一把，你撒开耍，想怎么弄就怎么弄。你知道，写这个小说是1994年的事，1994年，我三十岁了，我该想想未来的写作道路到底该怎么走了。但是，无论怎么走，先锋这条路我不可能再走下去了，道理很简单，路已经死了，还有一条，我再怎么弄，那也是步人后尘的，我都三十岁了，我怎么能允许自己还干这个呢？

张　莉：在那个时候，先锋写作夸张一点说恐怕已经是"穷途末路"了。一个年轻人想找到新的路可以理解，但是，怎么找这事很重要。

毕飞宇：我很想岔开来说一件事，那时候中国的文学界有一个说法，说读中文系的作家都不行，很多人都信了，搞得我们这些读过中文系的人都没有信心，但是，我是不信邪的。行不行谁说了都不算，写了才算。我觉得我们这些从中文系出来的人有一点好，那就是有文学的大局观。我看出了先锋小说的问题，那我就不能再这么急着往下干。

张　莉：我能理解你的意思。但其实中文系的不行这句话完全是伪问题吧，苏童格非贾平凹可都是中文系毕业的。我不知道你为什么对此事这么较真,大概当时也是年轻人的缘故吧。当然,我相信当时不仅仅是你一个人看到了先锋小说的问题,包括余华,他也应该看到了这问题。更重要的是寻找创作方向,找方法,找适合自己的方法。经常的情况是,许多作家的创作谈谈得特别好,比学者批评家谈得都好,什么都知道,可一动手就不灵了,他写出来的小说跟他谈的创作观满拧,完全不灵。我相信,如何寻找到自我转型的道路并成功实践对一个作家最困难,应该是那种"难与外人道也"的艰难。

毕飞宇:那时候我已经看出了小说"人物"的潜力,大家都忽视人物,那我就不该忽视。既然打算告别先锋了,那我总得留下一点什么,《叙事》就是在这样的精神背景底下上手的,《叙事》我写得极为放肆,哪怕它"不像小说"我也在所不惜。怎么说呢,就是"去他妈的"那种心态。《叙事》发表之后黄小初对我说:"飞宇啊,你生不逢时啊,你要是早个五六年写出《叙事》就好了。"是的,我同意,1989年之后的几年,那是怎样的一种文学的生态,萧条,说凄凉也不为过。可是我也没有沮丧,写先锋小说我的确是生不逢时的,但是,文学不只是先锋这一条路,对吧?小说拥有无限的可能,我要做的是赶紧做自己,别再跟了。所以,一年之后,也就是1995年,我的《哺乳期的女人》就写出来了。作家的写作脉络为什么有意义,许多时候,你单独地看一个作品,你所知道的只是"好不好",但是,把它放到一个大的脉络里去,它的创作思路就呈现出来了。小说不是逻辑，但是小说与小说之间是有逻辑的。作家的价值其实不只在作品本身，也在作品与作品的逻辑里头，这个逻辑说明了一件事，你到底是一个什么样的作家。

张　莉：回过头来看，当时那批先锋作家比如余华、苏童、格非他们，也是这样做的，哪个先意识到你刚才说的这个问题，哪个人的写作就打开了新空间。余华应该最早吧，虽然我没看到他具体谈起人物的重要性，但是"福贵"和"许三观"两个人物的问世就说明了一切。时隔多年，格非创作出了《春尽江南》，之所以广受关注，也因为他笔下的人物开始活生生扎在现实土壤里了。你们是殊途同归。

毕飞宇：《叙事》的写作一定是特殊的，特殊在哪里呢？我记不得具体的写作现场了。我有两个作品无法还原写作的现场，也就是记不住了：一个是《地球上的王家庄》，是《玉米》和《玉秀》的间隙写的，几乎就像玩一样的，也许半天就写完了，像打了一个盹，像做了一个梦。另一个就是《叙事》，我估计《叙事》写得飞快，差不多没有什么障碍。我有一个好名声，说，飞宇写东西爱"打磨"，这句话是对的，写完了，我真的会修改很久，但是，这句话也不对，在第一稿，我是飞快的，有时候手都来不及写，年轻的时候尤其是这样。《叙事》一定是一个"飞快"的作品，它有年轻男性的体气，很冲。另外，我想告诉你一件事，《叙事》写完了之后我经历了一段很糟糕的时段,就在这个糟糕的时段之后,我得了一些文学奖,外界以为我得意洋洋的,其实一点也不是,告别先锋,说起来容易,你的下一步到底该怎么写呢?我非常彷徨。1995年到1997年,这两年我是垂头丧气的,总觉得有劲使不上。外界对我一直有一个误解,以为我的写作很顺,不是这样的,我只是不习惯倾诉罢了,倾诉又有什么用呢?写作这玩意儿,在某些特殊的节点上,没有人可以帮助你的,你别指望什么,除了硬着头皮往下写,没有任何好办法。

张　莉:写字的人最重要的是老实,铁凝在河北时写过一篇文章说,"写作实在需要大老实",我很年轻的时候读到的,忘不掉。写字的人不能对自己含糊,就是得写,不断地写,以写作来寻路,以写作来证明。除了写作,作家没有第二条路能证明自己。

毕飞宇:你知道我为什么如此感谢敬泽吗?是他帮助我打开了心结,有一天,他对我说:"写不好,你还写不坏吗?大不了写个烂东西呗。"我自认为没有写过烂东西,但是,我真的也不怕写出烂东西,是啊,万一写个烂东西真的也无所谓的,只要你真心喜欢,不喜欢就不写,拉倒。你知道的,作家的一生都在"过关",一个又一个的"关",遇到问题我就和敬泽聊,聊到他精疲力竭为止。

9.为人的姿态

张　莉:有个地方对你来说很重要,爱荷华写作营。

毕飞宇:我去爱荷华写作营是2006年,你不能说一次访问就对我的写作产生什么大的影响,天下没有那么神奇的事,但是,别的影响还是有的。

张　莉:比如……?

毕飞宇:文学教育。我们中国一直流行一个说法,作家是天生的,不是教育出来的,美国人偏偏就不这么认为,他们认为作家是可以教的,我亲眼目睹了爱荷华大学的文学教育。说起来他们的教育倒也简单,那就是讨论,我一看就乐了,我不就是一直和朋友们讨论的吗？还省了一大笔学费。他们那个课堂哪里是课堂，就是七嘴八舌。

张　莉：畅所欲言，充分调动学生的主体性。

毕飞宇：是的，这个印象我非常深。另外，是心态上的，你知道我们中国的特殊国情，许多人都在抱怨，作家这样，作家那样，实际上凭良心讲，小说家在中国的地位不是不高，而是太高了。在欧美，除了少部分大作家，大部分作家的地位没那么高。美国有一个大诗人，施奈德，真是大师级的人物，他普普通通的，没有一点职业的骄傲。我从他们为人的姿态上学到了很多东西。

张　莉：为人的姿态是什么意思，如何与人相处？

毕飞宇：对，也不对。不只是一个和人相处的问题，和人相处其实有它的技术性，我说的是一个自我认知的问题。作为一个作家，你必须确认并保证你是一个普通人，这个"普通人"不是电视上那些大明星所说的"我就是一个普通人"。这不是一个世界观的问题，也不是一个人生观的问题，这是一个艺术上的伦理问题。的确，如果你不再是一个普通人，你就很难是一个小说家。

张　莉：我想到"体验生活"这个词，当一个人说他要"体验生活"

的时候意味着什么，意味着这位作家没把自己当普通人。——在爱荷华写作营的经历影响你看自己和自己的作品，或者影响你看中国文学吗？我的意思是，你在中国的时候看中国文学是这样的，而你去了另外一个空间，站在那个角度，对中国文学的看法是否会发生改变？

毕飞宇：对，我在北师大做过一次演讲，说的就是这个。去美国之前，我从来没有考虑过作家的"身份"，我是一个中国作家，我用汉语写作，这个还要面对吗？要的。我在爱荷华认识了南美的作家、非洲的作家、大洋洲的作家和亚洲的作家，直到这个时候，我才知道作家用什么样的语言写作其实"是一个问题"。

张　莉：用何种语言书写表明这个作家认同哪种语言和表达方式，也就是意味着他认同哪种文化。

毕飞宇：你知道的，15世纪后期，大航海开始了，换句话说，殖民主义时期开始了，从此之后，对一些作家来说，生活的语言和写作的语言就此剥离了，我认识一个科特迪瓦的女作家，她说，她每天和她的家人用母语说话，但是，一回头，她必须用法语去写作，为什么呢？她的母语被法语殖民了，她的母语只有几千人在用，如果她用母语去写，一定养不活自己，她也不甘心，可是，用法语去写作，她同样不甘心。她说这些的时候没有什么情绪上的变化，可是，我的情绪有变化。我看到了命运，语言的命运，人的命运，一个人使用语言的命运。

张　莉：语言的复杂性。一个人与他所使用的语言之间的关系，伴生着许多"政治问题"。以前我们总强调普通话的重要性，后来我接触很多其他民族的朋友时，我突然意识到，其他语种也重要，尊重非汉语的表达，是对非汉族人的尊重。

毕飞宇：殖民时期是一个样，后殖民时期则是另一个样，我们这些人没有受到后殖民时期的影响吗？受到的。先锋小说的早期，一个中国作家如果学博尔赫斯学得很像，那是一件令人羡慕的事情，你看，他的小说多牛，都有西班牙语小说的痕迹了。这里头其实也有一个潜在的身份转变问题。如果没有爱荷华的三个月，我不会去关注这些的。

张　莉：问题是，有西班牙小说痕迹又怎样呢？今天看来这样赞美太可笑了。当时不觉得，现在回过头来想一定可笑极了。这其中也有"政治性"元素。你说的这个冲击很重要，当一个人的语言与身份意识开始觉醒，他的空间观念肯定会不一样，宽阔了。

毕飞宇：这里面有一个二律背反，一个小说家真正内心上的拓宽，不是以拓宽的方式体现的，是以缩小的方式体现的，比如说我在年轻的时候，内心在不停地拓宽，不停地涉猎各个国家的小说，东欧、西欧、拉美、中国的古典，这样一个扩张的过程，某种程度来讲，也是一个自我丧失的过程。

张　莉：我突然想到《繁花》。它之所以引起广泛关注，就是小说使用的语言。金宇澄用的是改良了的上海话。在所谓正统的普通话面前，这种来自江南的语言应该说是一种地方方言，一种"少数语言"、边缘语言。通篇不用字正腔圆的北方话，《繁花》流露出它的追求——希望从传统/边缘语言中汲取新异力量。《繁花》因无视普通话内部的铿锵有力的节奏而具有了一种奇异的慵懒舒缓多情的南方性。江南语态的使用，也使那种与北方普通话完全迥异的语言活力被唤回。简言之，这样的语言系统有一种"作旧"功能，它为读者提供的是与"旧"和"传统"有关的装置，它使我们看待当下生活的眼光发生了变化。它使我们有机会变成旁观者，认识到我们自己的生活变成了一种风景。阅读《繁花》使我们认识到，我们身上潜藏着古人，潜藏着古人日常生活中的"老灵魂"。读《繁花》，会深刻感觉到来自一种语言内部的颠覆力，语言不仅仅是语言本身，是身份，是立场，是文化政治。——我们还是回过头说爱荷华吧。

毕飞宇：在经历了爱荷华的过程以后，我充分确认了自己的文化位置，内心的半径貌似小了，其实是大了。知道汉语在世界文化里面意味着什么。但是，如果你一味地拒绝，拒绝外部的东西，你那个缩小就真的成了井底之蛙。我想我不会成为一个狭隘的民族主义者，但是，我渴望成为一个汉语作家，这就是我现在的一个基本愿望。

张　莉：要这样说的话，比如说你后来写的那个《大雨如注》，虽然离那个时间点有点远，但是它肯定是一个反射。当然，爱华荷写作营的经验也不一定总是某个作品的反射，可能是全方位的。——谈谈聂华苓吧。

毕飞宇：聂华苓有一个习惯，她每天晚上要喝酒，喝完了，她喜欢聊天，我觉得最神奇的一个地方就是她跟我聊胡适。她和胡适有过不愉快，这个我知道，可是，当她对我说这个的时候，我还是有穿越感。对我来说，胡适是一个标准的历史人物了，可是，聂华苓的眼睛盯过他，而聂华苓现在正看着我，这让我有点慌，有点激动，也有点偷窥的感觉。不管怎么说，和"历史老人"待在一起是一件美妙的事情。

张　莉：她变成了一个连接点。

毕飞宇：我认识她以后，我觉得我的人生历史特别长。

10.电影《推拿》

张　莉：当时跟你在一起的还有娄烨，你们两个有很多的争吵，现在《推拿》也是给他拍成电影了，能说一下娄烨吗？

毕飞宇：2006年对娄烨来说是非常特殊的年份，因为《颐和园》，他被剥夺了拍电影的权利，我认识他的时候，他刚刚被禁，五年。

张　莉：我知道。

毕飞宇：现在回过头来看，我有很多做得不妥的地方，我没有充分体谅他的心情，那时候娄烨的战斗性特别强，喜欢和我辩论。我也喜欢和人辩论，这是没有问题的，但是，如果和他的辩论不是发生在那个时候，只要换一个时间段，那就好了。

张　莉：可你们也因此成为好朋友了。

毕飞宇：那当然。可你要知道，导演一般在夜里工作，他们熬夜的能力很强，而娄烨偏偏又很能喝，你想吧，深夜一点，我要睡了，他喝得也差不多了，跟打了鸡血一样，他来了。后来我指定一个游戏规则，辩论可以，但辩论之前不许喝酒。这家伙喝了酒之后很可爱的，有一个口头禅："——你别说，——你听我说！"

张　莉：你看电影《推拿》了吧，拍得怎么样？

毕飞宇：电影其实早就拍完了，但是，娄烨特别认真，后期需要一年，这样算起来的话，剪好了最起码要到2014年的2月。我在今年（2013年）夏天看过，我个人非常喜欢，但是，我没底，我估计到了公映的时候，我看到的也许是另一部电影。你知道娄烨的素材片拍了多少吗？说出来可能都没有人相信，两百个小时。我不知道这算不算中国电影之最，我认为差不多了。这意味着什么呢？他可以利用这些素材剪出不同的三四部电影，我觉得这是疯狂的。不管怎么说，把《推拿》交给娄烨都是一件让我喜悦的事情，他是我最喜欢的中国导演。我在美国的时候看过他的《颐和园》，一位墨西哥诗人告诉我，他太吃惊了，中国居然有这样的电影。在我的心目中，中国有我最喜爱的三部电影,《霸王别姬》《秋菊打官司》《颐和园》。

张　莉：很多人知道娄烨导演《推拿》都特别吃惊，不像他的风格。恐怕对他来说是一个自我设限，自我挑战。所以，我很期待。我对电视剧倒没那么惊喜，大概跟我对原著太熟悉有关系，我太了解原著了。说句实在话，不是偏心，电视剧里面只要涉及盲人的，都拍得很不错，附加人物都有些问题，有点硬。这是第一点。第二，我还是觉得编导者跟你的追求有差异，当然这个也是可以理解的。大概康红雷觉得电视是大众媒体，要迁就更多观众的审美。

毕飞宇：对我来讲，影视话剧好和不好，对我来讲真的已经不重要了。为什么呢？中国有两千三百万盲人，八千五百万残疾人，这个数据一定要知道，这是一个太庞大的数字。这样一个庞大的人群，在十三亿人口的中国，那么长时间，没有得到有效的关注，我觉得这是不能接受的现实。小说呢，渴望做这个事情，但是我必须老老实实地承认，以目前中国小说的影响力来说，它做不到。因为电视剧、电影和话剧，你看今年秋天以后，那么多的人，我所路过的地方，大家都在谈论残疾人问题，我是非常欣慰的。

张　莉：也是功德无量。

毕飞宇：在这样一个大的态势面前，电视剧好不好，话剧好不好，我真的已经跨过这个问题了。

张　莉：其实电视剧应该拍得更好，本来他们也都是很好的创作班底，我不知道他们为什么要那么改。

毕飞宇：也许电影可以给大家带来一个惊喜。

张　莉：很期待。

11.《青衣》《玉米》的译介

张　莉：讲讲葛浩文吧，我之前和他有过一个叫《感受力与理解力：两代研究者关于萧红的对谈》的对话，但没有机会问他对你小说的看法。莫言获奖后，大家似乎重新认识了葛浩文，他是向国外最早介绍《红高粱》的。他和林丽君翻译过《青衣》《玉米》，你怎么看他的翻译。

毕飞宇：葛浩文在我的耳朵里面永远是一个充满争议的人物，一部分人觉得他特别好，敬业，一部分人觉得他不敬业。这两种声音我耳朵里面都有。但是我可以很负责地告诉你，他很敬业，每一次翻译我的作品，我们都有很多邮件，这些邮件证明了他对工作是多么的认真。至于他翻译得好不好，我真的不知道，我的英语水平不足以判断他的英语。这些日子我们一直在讨论《推拿》，他问了许多问题，每一次我都尽可能详细地告诉他。

张　莉：《推拿》也是他翻译吗？

毕飞宇：也是他翻译的，当然，还要加上他的太太林丽君。

张　莉：你们怎么认识的？

毕飞宇：说起来很早了，1994年，我发表处女作才三年，他那时候还在科罗拉多大学工作，有一天，我收到了他的来信，他要翻译我的《祖宗》，那时候我根本不知道葛浩文是谁，也没拿他当回事，突然有那么一天，一个朋友到我的家里来，在我的书桌上看到了葛浩文的信封，很吃惊，我这才知道了葛浩文这个人。2008年，我们第一次在伦敦见了面，在一次会议上，葛浩文上去做了一番演讲，他的太太对我耳语，说，他正在吹牛呢，说你是他发现的中国作家。我说，人家可没有吹牛，事实就是这样的。

张　莉：他们这种夫妻档，一个美国人，一个台湾人的组合做中译英很有优势，至少看起来有品质保证。

毕飞宇：葛浩文是一个标准的美国人，特别好处，和那些欧洲的教授比较起来，他率性多了，见面的第一秒钟就像认识十年了。

这是一个活力无限的家伙,招女孩子喜欢。比较下来呢,他的太太更像一个台湾的女士,温婉,原则性却很强,工作严谨。到目前为止,我的作品的英文翻译都是他俩联手完成的,《青衣》《玉米》,还有现在的《推拿》。

张　莉:你其他的翻译,我不太知道,有一个叫何碧玉。

毕飞宇:何碧玉是法国的,巴彦也是法国的。实际上我在法国的翻译者前后有三四个,德语、荷兰语翻译也是不同的人,比较下来意大利语的翻译有点特殊,一个叫玛丽,一个叫莫妮卡,她们两人一个汉语好些,一个文学好些,她们的合作一直很好。

张　莉:法国销量怎么样?

毕飞宇:销量不怎么样,这个问题我们不能吹牛。我的书销量最好的是荷兰语的《青衣》,一万册,然后是法语的《玉米》,八千册,其余的,也就是三四千这样。我在法国一共出了六本书了,有了读者,所以呢,基础就要好一些。最惨的是德语,三千册,卖了三年,勉强卖完了。

张　莉:你对这些翻译的总体印象怎样?

毕飞宇：总体上来说，目前还很活跃的是20世纪六七十年代在中国学习汉语的那拨汉学家，他们在各自的国家都有了地位，他们对中国的了解也更深入。因为那个时候的资讯不发达，学习的工具也有限，所以，他们都有苦读的经历。当然，这一拨翻译家年纪都比较大了，未来一定属于年轻的翻译家，西雅图的那个艾瑞克就很活跃。

张　莉：他翻译过《大雨如注》。

毕飞宇：对。

张　莉：我看到《路灯》(《人民文学》英文版）里他的译文。

毕飞宇：说起翻译这个话题，我的内心是非常轻松的，听天由命。你不听天由命又能怎么办？在我这一拨的作家里，我的翻译作品是最多的了，可是，老实说，我几乎不把这个东西当回事，遇上一个好翻译，固然很好，遇不上，那也没有什么好失望的。我所理解的翻译是一件很宿命的事情，你的哪一部作品遇上什么样的翻译，你一点都做不了主，这个和你的写作是完全不一样的。写作我可以全力以赴，翻译你一点力气都用不上，所以啊，要潇洒。我注意到一件事，不少人对走出去比较急，这玩意儿，你再急也没用，反而把自己弄得很难看。

张　莉:《玉米》在美国的反响似乎也不错,我看到了《纽约时报》的书评。

毕飞宇:嗨,在《纽约时报》《世界报》《泰晤士报》上发过书评的中国作家多着呢,不过咱们得有点尊严,体面一点,不要一看到国外的书评就一惊一乍的。我为什么要说这个呢,因为西方的记者有一个特点,用形容词比中国的记者胆子大,这个其实是文化的不同,中国人说"好"的作品,西方人一定说"伟大的"作品,中国人说"挺不错的",西方人一定说"杰作"。在这个问题上我们一定要淡定,如果你在西方待得时间比较长,你会发现每一天都有"伟大的作品"和"杰出的作品"出版。我是一个体育迷,时常看西方的足球教练赞美自己的队员,一个月下来,你差不多能把所有的形容词都学会。在这个问题上真的不能太当回事,是文化上的不同。中国人说什么都是收着的、留有余地的。中国作家在西方没那么热,即使是莫言得了诺奖了,整体的格局还是这样,比十多年前好一些而已。还有一点,西方人也没有把诺奖看得那么重,他们经常在一些酒会上随随便便地就把诺奖"授予"给你了,客套话罢了,属于下酒菜。

张　莉:难得你这样冷静和清醒。

毕飞宇：说起翻译，这里头还是有一些规律性的东西的，凡是有过殖民史的国家，他们文学的口味相对就开放一些，这不是说殖民的好话，我想你懂我的意思，事情就是这样，凡是没有殖民史的国家，相对保守一些，对外来文化、外国文学的接纳就困难一些。

张　莉：这样，倒是有道理的。

12. 南大教授

张　莉：你现在的单位在南京大学，这是你整个人生中至关重要的一步。

毕飞宇：我去南京大学，这完全是一个不可思议的事情。我读高中的时候，很神往南京大学，但是，以我当时的实际的能力，也就是想想罢了，对我来说，数学是一把刀，一刀就可以把我弄死。

张　莉：有一个说法，你曾经想考南京大学的博士，属实吗？

毕飞宇：属实。我打算考丁帆教授的，我还把这个消息告诉潘向黎了，我说，来报考南京大学吧，做我的师妹。由于英语的缘故，这事情后来就不了了之，向黎的英语也不怎么样，可人家的日语好哇。一年之后,向黎来南京了,我问她有何贵干,她说,做你的师妹,来报到。嗨,羞愧死我了,我只能老老实实地给人家背包。

张　莉:哈哈,真有戏剧性,又过了几年,你来南大当教授了。

毕飞宇:我没有想过有机会来南京大学。我来南大,不能说我多出色,只能说,南京大学太出色。如果没有南京大学开放的传统,我想我不会有机会。南京大学不拘一格、崇尚自由,这一点特别宝贵。

张　莉:南大有对风骨的追求和守持。

毕飞宇:是。

张　莉:所以这里的学生可以写出《蒋公的面子》。

毕飞宇:南京大学有一种很特殊的气质,那就是知识分子气、文人气,这种气息在许多中国的高校里头已经荡然无存了。南京大学还保留了这种东西,这是难能可贵的。就说《蒋公的面子》,这出戏至少说明了两件事:第一,南京大学文学原创的香火从来没有熄灭;第二,南京大学自由的空气。我不会丧失理智,把《蒋公的面子》捧到天上去,但是,为什么南京大学有这出戏,其他大学没有?这是很说明问题的。一出戏真的没那么重要,但是,一出戏的诞生有时候比一出戏本身更要紧,我一直这样说,诞生李白比李白重要,诞生鲁迅比鲁迅重要。

张　莉:自然,土比花重要。要有好花,须有好土。

毕飞宇:我热爱这个东西,跟我喜爱南京大学的那帮朋友,在本质上其实是一回事。我喜爱南大,能成为南大人是我的骄傲。

张　莉:我从报纸上看到,勒·克来齐奥也到南京大学任教了。

毕飞宇:是,这个是许钧教授一手操办的,许钧教授翻译过勒·克来齐奥的《诉讼笔录》,他的博士袁筱一女士翻译过《战争》,他的另一个博士高方翻译过《奥尼恰》,他们的私谊想必不错。我想强调一下,这可不是一般的客座教授,挂挂名的那种,是正式的,勒·克来齐奥每年都要给南大的本科生上课。

张　莉:去南大,你犹豫过吗?

毕飞宇:也犹豫。我怕上讲台,也怕每一年的学术评估,考评。

张　莉:是,这个很麻烦。

毕飞宇：其实我并不怕讲台，我的专业就是师范，学的就是上讲台，我在讲台上一点问题都没有。我怕的是南京大学的讲台。你要知道，南京大学的讲台在我的心目当中很有分量，那可不是随便上去的。如果我是小说家的身份，那个没问题，我所说的都是个人的见解，即使有史学上的口误学生也会原谅，可是，以教授的身份站到讲台上去，那是不一样的，双方的要求都不一样。我的性格又不允许我在讲台上摆烂，我只能把许许多多的精力花到科研上去，那我的写作怎么办呢？南京大学好教授一大堆，我在学术上几斤几两，我自己是有自知的。南京大学充分考虑了这些情况，做出了一个让我喜出望外的决定，是书面的，我和过去一样，安心创作，不上课，不搞科研，不考核。大学真的是有大小之分的，这一切都取决于它有怎样的胸怀。

张　莉：我倒是觉得，尤其是你在《玉米》以后的很多创作价值追求，或者是文学追求，在某种程度上和南大精神并不相悖，当有人说毕飞宇是南大教授的时候，外人会觉得这个人和他的作品跟南大放在一起很衬。

毕飞宇：还是你解释得好。

张　莉：我是旁观者。

毕飞宇：中西方文学史、语言学、文艺美学、经典解读，南京大学有足够好的师资配置，不需要我去添足，可我毕竟在文学创作上做了近三十年了，在这个方面，我可以给年轻人提供帮助。文学的宏观教育我做不了，但微观教育我有我的优势，我这话的意思是什么呢？如果有一天，我在南京大学遇上了一个高度热爱写作的年轻人，这个我不会袖手旁观，我会给他最大的帮助。

张　莉：我们中国有一个传统的说法，作家不是培养出来的，但是现在看起来，这个说法值得商榷。复旦大学创意写作中心很培养人，比如小甫吧，甫跃辉，他很有势头，我喜欢他的小说，他是王安忆老师的学生，读他的小说能感觉到他起点高，艺术修养好。南大这边也很有希望出好作家的，江苏本来就出作家，看你的吧。

毕飞宇：这个问题我们刚才其实已经聊过了。高校中文系不培养作家，这是上世纪80年代的一句文学格言，其实这句话非常可笑。中国的高等教育在1949年之后就不正常了，到了"文革"，彻底瘫痪了，许多热爱文学的人不是不想接受高等教育，而是没法接受，莫言是这样，余华也是这样。那时候出现了许多工农作家，他们有生活，也写了一些好作品，"高校中文系不培养作家"就这么来的，你能说莫言和余华读了中文系就不会写作了吗？没道理的。在今天的中国，你放眼看看，越来越多的作家是大学中文系出来的，西方的许多作家也是写作班培养出来的。你没有基本的才能和热爱，中文系的确没有办法，但是，如果你有足够的才华和热情，读中文系只有好处没有坏处。文学不只是实践，也有修养的问题，比方说，美学、语言学、史学、认识论，这些其实都是一个作家必备的，在这些问题上，如果有一个比较系统的训练，作家的持久力会好很多。有一件事差不多已经得到公认了，中国的作家写作生命比较短暂，这个原因当然是多方面的，但是，学养不足是最致命的一个原因。

质地

1. 物理学之后
2. 历史的脚手架
3. 地球上的王家庄
4. 「里下河小说流派」
5. 写作的难度
6. 用语言确认世界
7. 宠爱「人物」
8. 及物的日常生活
9. 尊严就是平等

1. 物理学之后

张　莉：你被陈晓明老师命名为"晚生代"或者新生代，也有一些批评家认为你是先锋文学的。晚生代、先锋文学一度是你的标签。施战军老师有个印象记，他说，当年有人说你是乐团演奏中的首席小提琴，但在他看来，你越来越像个独奏者，钢琴家。没有乐队指挥，也没有轰鸣作响的协奏衬托，一个人就是一个乐队。这个说法很有意思。

毕飞宇：这个跟先天的个性也有关，我天生不喜欢合唱，我不可能成为合唱团的一员。我不认为我是一个适合于在流派的作家，当我一旦意识到我有可能成为流派中的一员的时候，我一定会另辟蹊径，这是我的本能。

张　莉：一开始的时候，你很"形而上"。吴义勤老师说你是"感性的形而上主义者"，很贴切啊，你迷恋过马尔克斯、博尔赫斯，后来又都放弃了，你说过这个改变中经历了"千山万水"，让你找到转变的小说是什么？

毕飞宇：我要说，就思维的品质而言，我总体上是形象大于逻辑的，这是我的神经类型，我想我并不具备哲学家们的那种抽象本能，那种纯思辨的、形而上的能力，当然，因为喜爱哲学的缘故，基本的阅读能力是有的，基本的逻辑能力也具备。对我来说，这些都是我小说能力的一些补充，当然了，在我还年轻的时候，我放大理性的部分，你一定读过《是谁在深夜说话》，还有《叙事》《雨天的棉花糖》，这些作品都有我早期阅读的痕迹。

张　莉：这些小说很不错，但早期的其他一些小说有点让人读不下去，你的转变轨迹很清晰。

毕飞宇：我喜欢在小说中"想"，这是我所喜爱的一件事，尤其在早期。所谓"形而上"，哲学上的解释是"物理学之后"，这个"物理学"当然不是我们今天所说的"物理"，它是指具体的学科。但是，如果你想进入世界的内部，你力求探寻本质，那个"物理学"就无能为力了。我是一个好奇心极强的人，直到今天都是这样，我就是好奇，一见到有趣的东西我就想把它打开来，所以我特别爱看医院里的手术。好奇其实就是一种惊异的心态，亚里士多德说过："哲学起源于惊异。"对我来说，哲学真的就是这么回事。我哪里是什么"形而上"呢？我只是好奇，惊异。我对那些非物质的、规律性的东西更好奇一些而已。这样的心理特征同样体现在我的小说里，我喜欢心理描写就因为这个原因，我还喜欢分析生活，这个就有点不妙，有人反对。那么好吧，我就删掉一些。我的第一稿和定稿的区别是非常大的，原因也在这里。不管怎么说，我在初稿里必须那么干，我需要那些篇幅，只有这样天马行空一番，我才舒服，才能过瘾。我至今喜欢脱离了描写对象的书写，无牵无挂，一大段一大段的，那样让我特别舒服，是生理性的那种舒服。以托尔斯泰为例，有人就是不喜欢他的思辨，可是我喜欢。有人说，如果把那些都删了，丝毫也不影响《安娜·卡列尼娜》和《复活》的价值。真的吗？你不喜欢你就跳过去，我可是很喜欢的。在这个问题上几乎没有人可以说服我。

张　莉：你后来的小说中，那些分析，那些思辨的东西，比如《推拿》里小马对"时钟"的想象，沙复明对"美"的渴望，看起来已经不脱节，与小说本身很贴了。

毕飞宇：二十年前，李敬泽在一篇文章里评价过我，他说我是一个"能力均衡的作家"，我读到这句话的时候真是感动。我很珍惜他的这个评价，虽然我不敢当。敬泽认可我的"另一种"能力，我有一种释放的感觉。但是我也在妥协，比较极端的是《平原》，我总共删了八万多字。你还记得那个右派吧？对，顾先生，在顾先生这里我差不多删了有四万字。我借助于顾先生阅读《巴黎手稿》，哗啦啦写了许多。写的时候可过瘾了，可是，我也担心，我估计没有人愿意读，所以，心一横，删。

张　莉：你是不是很渴望通过自己的看法影响他人？

毕飞宇：也不能这么说，黑塞，在中国是不怎么流行的作家，我特别喜欢。加缪，其实他也是一个思辨性非常强的小说家，在我心中的地位非常高。在抒情性的作家与力量型的作家之间，我个人更偏好力量型的。力量从哪里来呢？当然是思想。其实我不太相信情感，至少有保留。这个说起来又有点纠结了，因为很矛盾，我的理性不相信感情，可我又是一个情感丰富的人，我其实是一个糟糕的人，挺可怜，一辈子都要在这些东西里头纠结，许多时候都很痛苦。这句话也可以这么说，我的能力在"及物"的部分，我的兴趣却在"不及物"的那个部分，当语言离开了具体的事物，进入到抽象那个层面的时候，我往往很来劲。从物到物，从人到人，我会很快乐，但是，从概念到概念，这里头始终有一种让人痴迷的力量。

张　莉：那陀思妥耶夫斯基呢？

毕飞宇：有区别的。陀思妥耶夫斯基这个作家其实不好说，你知道吗？他就是一大堆的能量。这个作家其实是很不好面对的。他在思想上当然有巨大的力量，但是，他情感的力量同样巨大，可是，你却不能把他归类到抒情性的作家里去。他是一个特例。比较起来，我不太喜欢的是昆德拉，他的细节是有问题的，尤其是早期的东西，西方读者，我说的是西欧的读者，更多的还是看重他来自专制国家的作家身份。昆德拉比较生硬，他的体内液汁不够，我喜爱的作家一定有一个前提，体内的液汁一定是饱满的，会兀自流淌。

张　莉：陀思妥耶夫斯基身上有种混沌的力量，可以把读者的思想和情感完全裹挟而去，像龙卷风一样，他使读者莫名其妙地和他产生共振共鸣，读完他的小说，你会觉得自己看世界的眼光都会发生变化；昆德拉完全不一样，我有一阵子很喜欢的，尤其喜欢读他关于小说的看法，但是，他的小说本身吸引力没那么强。

2.历史的脚手架

张　莉：王彬彬在那个跋里说，你对历史特别感兴趣。你早期写作时对历史的那种兴趣到了执迷的程度。后来许多人觉得没了，我感觉其实也是有的，你小说里有一种强烈的历史感，到现在也是有的。

毕飞宇：我小说里面历史感剥离比较厉害的是《推拿》，《推拿》的历史感没有那么强。这个是我的一个尝试。对，一个尝试，这个我要对你慢慢说。《推拿》的写作是有精神背景的。你知道吗，我跟陈晓明有一段很重要的对话，他在会议上重点强调了福山的"历史终结论"。他为什么要说这个呢？晓明教授有一个看法，他觉得中国的小说家其实是有先天缺陷的，离开了历史这个脚手架以后，中国的小说家几乎不会写作。就在这次会议上，我和晓明争论起来了。我的理由也很简单，1989年，随着"苏东波"的解体，冷战结束了，"历史"似乎"终结"了，但是，对中国作家这样一个特殊的群体而言，历史终结了没有？没有。"冷冻的历史"还在那里。争论归争论，其实晓明的一句话还是说到了我的心坎里，那就是中国作家在离开"历史这个脚手架"之后到底还能不能写作。我是第一次对外界披露这个事情，这个话题过于专业了。客观上，晓明刺激了我的思考。

张　莉：那是在写小说之前就有的念头吗？

毕飞宇：有这个念头。所以你注意到，在《推拿》这个作品当中，我也寻求一个极端，即便是有可能跟历史有关的，我把它剥离了，我既然要尝试一下，我就尝试到底。《玉米》是标准的历史写作，面对的是"文革"，《叙事》面对的是家族史，《雨天的棉花糖》面对的越战，《平原》复杂一些，面对的是反右和"文革"。《推拿》是一个没有脚手架的作品。它是否成功，不在我的考量范围里面，我只是尝试一下这么做。

张　莉：你和他讨论是在什么会议上？哪一年？

毕飞宇：2005年，在辽宁的锦州，一个长篇小说研讨会上，他一上来就毫不客气地批评了我，我那时候《平原》刚刚写出来。

张　莉：他是不是觉得，你《玉米》已经写完了，怎么又写了一个和"文革"有关的东西？

毕飞宇：是。他是善意的，他认为我应该尝试一下非历史叙事了，我知道的，他对我有期待。应当说那次会议并不愉快，当然，主要不是集中在我和晓明之间，但是，对我有启发。今年的3月，我们在威尼斯巧遇，喝酒的时候我们再一次提起了这个话题，历史是不是"终结"了，我至今保留我的看法，但是，一个小说家尝试的愿望和勇气不该泯灭。也许我还想说一点别的，我很不喜欢中国文坛现在的风气，那就是规避争论。大家都怕一件事，那就是"得罪人"，无论遇上什么事，都是微笑，然后呢？"挺好"，"蛮好的"，大家都在比试谁更有亲和力，这很糟糕。当所有的人都在争着"做好人"的时候，这个时代就注定了是平庸的，为什么？我们主动放弃了自由，自由熄灭了，生命就枯萎了。现实的情况是，我们只有江湖之争，很少有真正的思想之争。争论是一件多好的事情哪，有趣，充满了知识和智力的美，我和那么多人争论过，从来都没有影响友谊。

张　莉：关于历史，这个我要多说几句。一个好的文本应该有可以使作品脱离具体语境的能力，比如《平原》和《玉米》，离开了"文革"语境，小说还在那里的，那些人那些事也是在的，这小说和"文革"并不全是点对点的关系。但是，我坚持认为，一个作家应该有他的历史感，应该有他的历史情怀。没有历史感的作家，很容易滑进历史虚无主义。一个大作家，一定要有他的独特的历史感，对他所处的时代、所经历的历史要有独立思考和认知能力，不能剥离，不能对历史事件和历史现象视而不见，一定要有介入社会现实和历史的勇气。前几天读《历史与反复》，柄谷行人对村上春树小说中的历史虚无主义进行了批评，很对。村上春树有一种"去历史化"的倾向，而一位严肃的小说家要对此保持足够清醒。另外，关于小说是否依赖历史，也要看我们怎么理解历史。比如《推拿》，你说这里面没有历史吗？小说中关于世纪之交人们内心焦灼的书写是不是一种历史的书写呢？《相爱的日子》《大雨如注》中没有写特定历史场景，但它内在里有一种深切的现实关怀，我认为这种情怀很重要。我要重复一遍，我对那种纯粹脱离历史的写作很警惕，也反对。

毕飞宇：对作家来说，历史真的就是一条蛇，有人怕，有人爱。害怕的人见到有人把蛇当作宠物来饲养，百思不得其解。我不会说以后的创作一定会离开历史，不会说这样的话，但是《推拿》这样的作品，离开这个脚手架，我依然把这个建筑给支撑起来了，我也挺高兴。我觉得一个作家做这样的尝试是有必要的。说起这个来，我特别想补充一下。大概是1999年或是2000年左右，有一天，我在一个什么场合碰到了敬泽，他叼着烟，拿着一本刊物，看到我的时候，很不高兴，他在那儿自言自语，他妈的，离开了"我"，怎么都不会写小说了。我把刊物拿过来一翻，整个刊物全是第一人称小说。他是做刊物的,他敏感,我一想,天哪,那几年我的小说基本上也是第一人称的。第一人称当然没有任何不对,但是,我立即就想到了一个问题,我是一个写作的人,如果用第三人称都不会写,这无论如何也说不过去。从那个时候起,我就告诉我自己,该把第三人称小说的这一门课给补上了。小说是自由的,这个还要说吗,可是,冯唐有一句话我特别同意,小说之所以是小说,是因为它有它的"金线",有它最基本的一些要求,每一个"行当"都是这样。一个作家只会第一人称叙事,没问题,但他一定有缺陷,这个同样没有问题。同样,到了2005年,陈晓明的那番话对我也有启发。我很敏感,和朋友相处的时候尤其是这样,我的心始终处在一个开放的姿态里,这个开放其实就是学习和吸收。越是喜欢自作主张的人越是要吸收,否则,你会越来越枯瘦,最后只剩下光秃秃的"我"。

张　莉:第一人称泛滥很久了。喜欢使用"我",其实就是依赖个人经验,这也不是中国作家的问题,几乎现代主义以来的很多作家都喜欢使用这样的方式进行创作。作家们渴望创造一个有现代性特征的自我。读柄谷行人时,他说日本现代文学产生了一种自白制度,通过这个制度,它创造出了现代意义上的"我"和现代意义上的文学,很对。可是,这种定位方式也引发了我们读者的新困惑,用"我"讲故事,小说其实进入了一个心理和个人身份认同的领域。但如果这种叙述泛滥,也便没有了创造性和独特性,当所有文本中全都是"我"的时候,其实就是没有了"我","我"的生活方式变成了公共经验和公共知识。某种程度上，这种主观性特别强的创作方式反而会成为复制记忆和经验的借口，使小说进入死胡同。这也会使作家忽略，小说本身应该是一个自足的空间，故事应该有自己的动机背景，一个小说人物为什么这样做而不那样做，它有一个自足的在文本空间可以成立的逻辑。那种依赖个人经验的自传体小说方式会使作家完全忽略这一点。——说起来，当时李敬泽的说法也是"听者有意"吧，有些人可能当耳旁风一样听了也就听了，你看当时关于"我"的小说都成灾了，现在也挺多的。回过头说第三人称的引入吧，这对你写小说很关键，《青衣》之后，一下子不一样了。

3.地球上的王家庄

张　莉：你大概是什么时候就有一个王家庄的概念？

毕飞宇：没有，我从来没有产生过概念性的"王家庄"。

张　莉：你没有像莫言那样，渴望建立高密东北乡的愿望，一个文学共和国的愿望？

毕飞宇：我真的没有，文学没那么简单，你想弄什么就是什么。我还想说《平原》比《红楼梦》好呢，哪一个批评家会同意？老实说，我估计莫言也没有。这些都是有眼力的批评家发现的。

张　莉：你说得不对啊，我得纠正一下。莫言有，他当然有。

他很早就有渴望建立高密东北乡的雄心了，在无数场合自己阐发过自己建立一个文学王国的宏伟愿望。当然他似乎也有得天独厚的条件，毕竟他大部分作品也没有离开过"高密东北乡"。之所以问你这个问题，是因为你的好几篇小说都出现了王家庄，同时这个王家庄是有现实原型的，就是你以前生活的地方，所以关于你的评论里有这些分析很正常，当然，我也分析过。

毕飞宇：好吧，这个问题我们把它放在这里。我还是要提醒你，要看语境的，我依然不相信莫言第一次写下高密的时候真的就是那样想的。至于我，中国这么大，王家庄又是一个很普通的名字，现实原型一定有，但是，我写"王家庄"的时候内心是朴素的，即使不够朴素，我的愿望也不是建立一个"王家庄"。写小说和生孩子是一样的，你指望他弹钢琴，你也努力了，可最后他踢足球去了。

张　莉：《玉米》《平原》《地球上的王家庄》，还有别的一些中短篇，都在"王家庄"。

毕飞宇：这个你就不知道了，我只是为了省事。它们是一个时间段里的，都叫"王家庄"方便嘛。你可不知道，每一次写新小说，我都要为人名和地名操心。我不喜欢干这个事情。对我来说，在小说的起始阶段为小说的人物和地点起名字简直能要我的命。我对人物的名字是很讲究的，话又说回来了，谁不讲究呢。其实呢，对一个作家来说，有没有一个文学共和国，是不是建构一个文学地理，一点都不重要，如果莫言把他的"高密"换成不同的地名，莫言还是莫言，丝毫不会有半点损耗。在这个问题上，唯一觉得方便的是批评家。

张　莉：这个解释有说服力。

4. "里下河小说流派"

张　莉:前几天看新闻,在兴化还是泰州,有个会议,讨论"里下河文学流派",说这个区域出了很多人,包括汪曾祺、曹文轩、丁帆、吴义勤,他们老家都是那个地方吗?

毕飞宇:都是这个地方的。里下河地区出了许多作家,这是一个非常好的事情,我为此自豪。"里下河作家群"的确存在,但是,"里下河文学流派"这个说法到底成立不成立呢?

张　莉:这个问题我也很感兴趣。

毕飞宇:老实说,我存疑。在这个问题上我们不能感情用事,"文学"一旦"流派",一定有它硬性的指标,举个例子,我们都知道京剧里头有个"梅派","梅派"之所以是"梅派",它在行腔、吐字、规韵上一定有它的严格要求,在训练的时候就要求了,老师会不停地纠正,否则成不了"派"。"派"其实就是风格,或者说,类似的风格。缺少了这样一个基本前提,你怎么论证,你怎么能说会道,最后都很难自圆其说。

张　莉:看到那些来自里下河的人名时,我着实很吃惊,居然在这个流域有这么多优秀的作家和批评家。但是另一方面,我也觉得,如果说这是一个地理意义上的现象,这是很有意思很值得讨论的。但是要说文学流派这件事情……因为文学流派一定是这一批人有共同的文学审美追求、文本有诸多相似性,才可以放在一起说。

毕飞宇:有没有"里下河文学流派",这是一个很简单的事,只要粗略地做一下文本分析就可以。我没有通读过里下河地区的所有作品,但是,就我的阅读范围来说,我至今没有形成这样的文学记忆。就说汪曾祺,汪老的小说最大的特点是什么?或者说,他的主体风格是什么?是冲淡,这是司空图的一个概念吧?冲淡是极其险峻的一种美学风格,太危险了。我是学院出身的小说家,有基本的常识,反正我是不会去学汪曾祺的,没有特殊的禀赋,没有特殊的人生历练,你去学冲淡,那不是找死吗?小说也不只是冲淡这一条小路。我敢负责任地告诉你,你可以不听:所有学习汪曾祺的人都是傻瓜。他哪里是可以学的?学汪曾祺?开什么玩笑。汪曾祺是用来爱的,不是用来学的,他是一个孤本,汪老的价值就在于他后继无人。

5．写作的难度

张　莉：大概2008年吧，我写过一个随笔，《为什么要读毕飞宇》，里面提到我的阅读感受："如果你把对毕飞宇的阅读当作一次有趣的猜谜，他无疑是一个充满智慧与'狡猾'的高手。你永远不知道他下一句会说什么，也不可能猜中他的小说走向。这是一个高智商的阅读对象。"你永远不想让读者猜到你的小说走向，你要去哪里。

毕飞宇：我给你讲一件事，在我的童年和少年，我一直在玩一个游戏，叫"躲猫猫"，很简单，我藏起来，你找我，找到了，你藏起来，我找你，就这样。把别人找到了，我就很开心，相反，被人捉住了，我就很沮丧。这件事有些无聊，和文学的本体也没有什么关系，但是，我还是有一些基本的愿望的，不要小说还没开始写呢，人家都知道你要说什么了。从这个意义上说，我害怕被"命名"，一旦被"命名"了，我就觉得被别人"捉住"了，我的本能就是立即跑掉。你也不能说这是一个健康的心理，同时你也不好说这样的心理就不健康，我只是实话实说。

张　莉：较劲吧，总是有意给自己设置一个难度，总想不一样。

毕飞宇：这个话题和难度有没有关系呢？先不管他吧。你这么一说我突然想起一件事情来了，我是一个体育迷，每天要看体育新闻的，我给你讲一件事，无论是足球还是篮球，只要在赛季范围内，每一周都要有一个五佳球。五佳球有意思吗？没有意思，从功利原则来看，所有的进球都是一样的，甚至可以说，以最小的代价进球才是最好的。可是，五佳球恰恰不是因为它的容易，而是因为它的难度。是难度构成了一种特殊的审美，或势大力沉，这是肌体上的付出，或四两拨千斤，这是智慧上的付出。因为难度，我们荡气回肠。乔丹说过一句话："扣篮也是两分，可是，我们都认为它是六分。"这句话是很有意思的。在NBA的赛场上，有一个体育伦理问题，如果一个运动员在可以扣篮的情况下选择投篮，尤其是年轻的球员，那是要被球迷嘘的，为什么？你放弃了难度。我们不能把艺术的问题和体育的问题等同起来，可是，在审美这个层面上，对难度的选择却又是一样的。我们可以把难度上的选择上升到艺术上的伦理问题，这句话也可以这样说，好作家必须承担难度写作。

张　莉：没错，优秀艺术家永远都要知难而上。

毕飞宇：就我个人的阅读来说，难度选择几乎就是标准。有时候，我们怕读有难度的作品，有时候，我们偏偏喜爱有难度的作品。创作也一样。就说语词的搭配，有时候，为了一个词，我们可以花上好几个小时，"推敲"嘛。

张　莉：如果没有对难度的渴望，艺术创造就没有了吸引力。现在很多作品，一读就是没有写作难度的，对读者没有任何挑战性的东西，索然无味。我相信，成熟的批评家都在意有难度的作品，有难度的作品意味着作家有品质追求。难度是力量，也是创造性的一种体现。

毕飞宇：是啊，我又要说到二律背反了。就说小说的对话，一方面，我们离不开生活的常态，不能把人物的对话弄得不说人话，另一方面，我们又要回避这种常态，不能总是说人话，也要说鬼话，否则读者会觉得你太"水"了。这里头有一个极端的例子，海明威。他的短篇，像《乞力马扎罗山的雪》，像《雨中的猫》《白象似的群山》《一个干净明亮的地方》，有些对话真是"水"，还重复，颠三倒四。我尝试过那样的对话写作，很难看。但是，当你把海明威的短篇读完了，你真是觉得那样的写作很难，作者是花心思的、用力气的。

所谓的"冰山理论"就是这么回事。如何"构成"冰山，这就是一个难度，需要极大的智慧，写的人是这样，读的人也是这样。

张　莉：从接受美学的角度出发，读者对自己也有智慧期待，经历了难度，他发现了，他体验了，最后他也满足了，获得了精神上的愉悦。

毕飞宇：我觉得是这样。你还记得《十个印第安人》吧，这个小说真的很容易，细一想，挺难的。这是一个汤圆式的小说，核心的部分，最关键的部分几乎没有写，那个馅，是空的，也就是尼可的单恋女友和别人的厮混。在尼可知道真相之后，小说的结尾，尼可"好长时间才知道自己的心碎了"。我不知道你怎么样，反正读到这里的时候我的心立即就碎了。在此之前，海明威有一段交代，风大了，水涨上来了。在我看来，这几句就是难度，它是精心的。太准确了知道吗，像射击手那样，瞄了又瞄，最后，扣，每一个字都像子弹那样穿心而过。

张　莉：这里头有天分，更有长期的语言训练。

毕飞宇：我年轻的时候，曾一度觉得海明威并不怎么样，我觉得他的小说我都能写，这个发现让我很愉快。后来慢慢地知道了，人家把难度留给了自己。附带告诉你，就四十岁之前，我还觉得我可以写《安娜·卡列尼娜》。牛啊。事非经过不知难，真是这样。

张　莉：大师不是白混的，难度的要求，解决，接下来又是难度的要求，再解决，大师就是这样一点一点上去的。

毕飞宇：你说得真是对，大师不是白混的，你怎么炒作，怎么热，天天上报纸，你都成不了大师，那是需要你自身的实力的。我们现在所说的难度还只局限于小说的修辞问题，其实，哪里只是这些。全世界这么多的作家，经典就那么几部，让时光和全世界的读者都认可，没那么容易的。对自己要有要求的。对任何人来说都是这样，能量都是从对自己的要求那里分泌出来的。

张　莉：有一次我们现代文学馆的客座研究员一起开会，讨论今天如何做批评的问题。有个年轻朋友说到一个词，批评家要做"猎手"，不要做"猎狗"。猎手就是要发现，看好了好作品好作家，要弹无虚发。这话很形象，当时大家也都同意。回来我想，这个标准说起来容易做起来难。一个批评家，只有经过经年累月的阅读和判断才有能力完成对优秀作家作品的发现。所谓难度，别人看起来没什么，非亲身经历者不能体会。

毕飞宇：是的。我第一次去健身房的时候，看见一个朋友在那里卧推杠铃，那个杠铃吓死我了，那么多的铁片，一圈一圈的，我就想，他怎么能克服那样的重量？五年之后，我也做到了，怎么做到的我都回忆不起来了。我看到那些杠铃的时候一点都无所谓，在视觉上，它就在我的能力范围之内。后来我出国了，好久没练，回来一看，又害怕了，上去试了一下，果然不行。你看，难度就是这样现实，它安安静静，在那里等着你。

张　莉：你是说，一个人对自己有要求是多么重要。

毕飞宇：是，要有要求。我们的工作实践性很强，任何实践性强的工作都要给自己提要求。这么一说你就知道我为什么不停地修改作品了，我总是希望它更好一些。正因为如此，我不许别人看我的手稿。这几乎就是我的魔咒。

张　莉：魔咒？

毕飞宇：我为这个事情，跟我父亲大吵过一次，他在家里面看了我的手稿，我非常愤怒。

张　莉：他看你没发表过的手稿了？

毕飞宇：是的。但是，现在我无所谓了，任何时候，哪怕是半成品，你都可以看。这个很长时间是我心里的一个魔咒，现在不了，任何时候我的半成品你都可以看。

张　莉：也只是在你看来是半成品。你知道还可以更好。

毕飞宇：是的。写作和吃饭很像的，这里头存在着一个十分精确的模糊判断。"再吃一点吧？""不，饱了。"自己知道。有时候，就差那么一口，你就没饱。这个如何去量化呢？没法量化，但是，当事人就是知道。睡觉也一样，我还没醒呢，还差十分钟，被人叫醒了，一天都闷闷不乐，但是，你等十分钟，让他自己醒来，这就不同了。每一个职业人都对自己的工作有一种模糊判断，这个模糊的判断最精准。

张　莉：写论文也一样。能不能拿出去发表，是不是写透了写到位了，写作者自己心里明镜似的。

毕飞宇：我们要做的事情是不能糊弄，你一糊弄，自己明明不满意，想，算了吧，别人不一定知道，这一来就完蛋了，事实是这样的，别人知道，都知道，比你自己还知道。所以呢，所谓难度，其实就是这样的意思，好好吃，吃完最后一口，好好睡，睡完最后一秒，这样就舒服了。

张　莉：所谓难度，其实也没那么玄，就是尽力。

毕飞宇：当然，就是尽力。你不能要求我写《红楼梦》，你要是逼着我写《红楼梦》，我要去法院告你的，控诉你草菅人命。只要尽力，这个作品你的能力达不到，只能写到这里，这个一点办法也没有。

张　莉：在小说这里，你是不是觉得自己已经是个行家了？

毕飞宇：是，当然是。能写到哪一步我不知道，不敢吹牛，但是，对小说，基本的判断是有的。写作的过程说白了就是一个判断的过程，一个关于小说审美判断的过程，我每天在里头，小说几乎就是我的肌肤了。道行有多深我不敢说，但是，我是小说的内行，这个没有问题。

6.用语言确认世界

张　莉：我特别欣赏你去年写的《大雨如注》。相对于《睡觉》，或者《一九七五年的春节》，《大雨如注》可能更能体现一个作家对社会、对文化的认识。

毕飞宇：眼睛一眨巴我就五十岁了，一棵老树，你别指望这棵老树给你什么惊喜。但是话又说回来，对一个作家来说，五十岁还真不是德高望重的事。文学史就摆在我们的面前，五十岁之后迎来高峰的作家比例很高，纳博科夫过了五十才开始呢。

张　莉：我们以前讨论过一个问题，但以前的对话录里都没有收进去过。是对文字有理解。你说，应该对每一个字负责，每一个字发表出去，不管它是在哪个杂志上，或者是在杂志的哪个角落，要相信，总会有人看到，读到的那个人总会对这个文字产生反应，对这个文字的主人有判断，所以，要慎重对待自己的每一个字。这个话对我有很大的影响。它影响了我的写作。要给自己挑毛病，下判断，要一遍遍删改。要对文字有敬畏之心。从你发表作品的频率和修改上，读者会很容易得出结论，毕飞宇对文字有敬畏之心。

毕飞宇：敬畏之心是一个偏于理性的说法，说得感性一点，语言或文字有它的魅力，它是蛊惑人心的。就说我们这个网络时代吧，你可以从许多角度去阐述它，可你无法否认，它在本质上还是一个语言的狂欢。每年都有大量的新语汇出现，每年都有不拘一格的表达方式。人们在转述，其实是奔走相告，在我看来，如果网络时代不是和语言的狂欢并辔而行的话，网络时代又有什么乐趣？就表象而言，所谓"时代"，说白了就是语言的另一种形式，语言是我们的思维方式，是我们最基础、最直接的表达方式，语言也是一种建筑材料，许多意想不到的建筑物都是靠语言一砖一瓦地搭建起来的。时代一变，语言就变，语言一变，时代就变。

张　莉：网络新词语层出不穷，我感兴趣的是，那些不断翻新的语言带来什么新东西，新的词语不仅仅只是新词语，也有价值判断和指向。比如今年流行的"土豪"一词，很形象，也很有意味吧？一个词语的出现或者重新被认知，代表的是我们这个时代的理解力。语言大有深意，语言意味无穷。它不是小事情，它背后的东西盘根错节的。

毕飞宇：我已经很幸运了，能和语言打一辈子的交道，能在语言的内部寻找到自己的生活。语言真的很奇怪，我每天打开电脑之后，只要几行，我就能感觉到自己沉静下去，我不能把那样的状况称之为幸福，可是，想来想去，那其实就是幸福，自满，自得，幽静。对我来说，能和语言打交道真是幸运，真的有一个叫"世界"的东西吗？未必。"世界"之所以存在，说到底是有一个表象的世界，这个表象的世界很有意思的，人类全把它们命名了，它和语言捆绑在一起了，桌子、椅子、灯光、胶片、镜头、访问、反驳，我们可以想一想，把桌子这个单词从人类的生活中删除掉，那么，这个被称作"桌子"的东西又是什么？它就不再是"存在"了。就因为语言这么一个东西，"世界"被确认了，人和"世界"的关系也建立起来了。

张　莉：汉字看起来只是方块，但哪里那么简单？它既不是无声的，也不是无色的，如果排列得够好，它搭起的世界便是斑斓的、有温度的、有光泽的、美好的，文字说到底，是雅正的心智生活。所以，近几年，我很享受写字，享受那些汉字拼在一起的感觉，有愉悦感和成就感。当然，也享受阅读，我读一位作家作品时，会看他/她对汉字的排列本领，事实上，它潜在代表了这位作家的文学修养和审美趣味。

毕飞宇：说起汉语，今年在意大利的时候，我兴奋了很久，我遇到玛丽亚了，她就是《推拿》的意大利语翻译，她告诉我，翻译《推拿》的时候有一段她觉得特别难，她说，就是沙复明追问"美"的那一段。

张　莉：因为那里用的很多成语和诗句？

毕飞宇：不是，那个我不会兴奋的，她说，你为了让语言读起来很好听，选择一堆"双声和叠韵"的词，她说，我知道你的用意，但我找不到与之匹配的意大利语。

张　莉：哎，这个说法太了不起了。这个译者真好，有理解力。

毕飞宇：我当时站起来，拥抱了她。我说你太牛×了！都知道我挑选双声和叠韵的词，她说，那当然，这样读起来有音乐感。

张　莉：她的汉语真的非常厉害了。我们本土的作者能读到这个层面也很了不起了。

毕飞宇：不知道我有没有夸张，我觉得我得到了幸福。

张　莉：隔海的知音。

毕飞宇：无论你写小说的时候吃多大的苦，你会发现，是值得的。一个南京的作家为了这段文字所受到的一切煎熬，跨越千山万水，在遥远的米兰，它呼应了，啍的一下，有了回响。我很爱语言，它几乎就是我的信仰了，我不知道离开了语言我的生活是怎样的。

7. 宠爱"人物"

张　莉：你说先锋文学的问题是没有人物，你是怎么开始意识到这个问题的？

毕飞宇：中国的先锋小说是西方现代主义小说的继承者，我发现小说人物退场不是在先锋小说那里，是从博尔赫斯那儿，1994年夏天，我读到了一本奇书，那就是霍金的《时间简史》，《时间简史》的表述很有意思，我始终不觉得这是一本关于科学的书，相反，我觉得它是小说里的一个宏观场景描绘，带有天才的玄思性。我承认我读不懂，可是，有时候，读不懂是一种奇妙的吸引，它会激发你一点一点地读下去。它让我想起了另一本书，那就是康定斯基的《论艺术的精神》，它也有这种特征。后来，我又想起了一个人，那就是博尔赫斯。我读博尔赫斯是大学阶段的事情，迷恋得不得了。

可是，等我1994年的夏天再一次阅读的时候，我突然发现，博尔赫斯的表述方式和《时间简史》差不多，就是玄妙的场景，人物其实不重要，都是为场景服务的。

张　莉：这个触动了你。

毕飞宇：我在1994年的时候读小说的能力已经比大学时代提高了，我很慌。我在骨子里是个农民，相信多子多福。我希望我有一大堆的孩子，玩丁克我是不喜欢的。

张　莉：所以，你渴望你的小说有自己的人物，希望有一个文学的家庭，儿孙满堂。

毕飞宇：是这个意思。没人物我总是不踏实。

张　莉：在小说中，与其说人物，不如说人最重要。如果有一天，小说中的人沦为写作/语言实验的工具和道具，小说的枯燥和无趣便开始了。回过头来看，先锋小说中的人太平面了。它完成的只是词语和形式的革命。你开始对小说人物有想法后的小说是《青衣》《玉米》《玉秀》《玉秧》，这些小说名字也说明，人物是你最关心的。——我想到个问题，都说你是写女性最好的作家，这是不是从白烨那个评论开始的？

毕飞宇：应该是。这句话开始还只是小范围的一个说法，后来，媒体知道了，媒体知道了之后，这就成了标签了。

张　莉：人总是会被贴上各种标签，关键是我们怎么看这些标签。

毕飞宇：关于标签我想说几句，从不接受，到处之泰然，这里头也有一个过程。我怎么就处之泰然的呢？因为作品会覆盖作品的，所以，问题的关键就变得简单，你后面的作品有没有能力覆盖前面的作品。

张　莉：只要一个人强大，前面的标签很快就会被覆盖，过眼云烟了。

毕飞宇：我也没多大的野心，就是想再多塑造几个人物。

张　莉：这个理想也不小。人物是阅读行为中最切实的凭借物，借助于他们，读者和作者的情感产生交汇。我教当代文学史，讲到先锋派作品，现在的年轻人理解起来是困难的，是隔的，脱离语境以后，他和这些文本完全找不到对接，情感上的对接没有、人物没有，很难理解。反而今天看起来有些文学成就打了折扣的小说，比如《平凡的世界》，或者《人生》，年轻人爱看，能懂。所以，你不得不承认，人物对小说世界而言，太重要了。人物可以使一位死去的小说家不断地重生，不朽。当我们讨论贾宝玉林黛玉就像讲邻居男女时，我们就能体会一位小说家何等伟大了，曹雪芹的意义在于，他使他的人物渗透进了我们的日常生活，妇孺皆知。

毕飞宇：写人物还有一个额外的好处，那就是你不孤独，你每天都要和"那个人"或"那一拨人"在一起，这让创作的心态变得很松弛。当年，我信了汪曾祺，小说就是写语言，所以，那时候写起来特别的枯，每天都是孤家寡人。"小说就是写语言"，这句话用于短篇也许不错，到了中篇就勉强了，写长篇绝对不能相信，要不然会把人弄死的。语言是一个目标，但不是唯一的目标。

张　莉：你说这个，我想起莫言的一个演说，他说，最初他是追着小说走，等他意识到建造高密东北乡后，小说开始追着他走，他发现原来有那么多的东西可以写，发现自己的文学地盘活了。对你来说，可能就是发现人物之后，小说天地一下子活起来了，有很多可写的东西了。

毕飞宇：是这样的。

8.及物的日常生活

张　莉：日常生活是你小说世界的关键词。今年获诺贝尔奖的门罗，也是非常讲究日常生活逻辑的小说家。你对日常的发现，其实伴随着你对先锋文学的认识。

毕飞宇：如果把时光倒退到20个世纪的80年代，有人告诉我，我将来的小说会描绘日常生活，弄不好我会抽他，为什么？我觉得他在侮辱我。我他妈的怎么可能对日常生活感兴趣？那是多么低级多么庸俗的事情。我的小说必须面对哲学、面对历史你知道吗？柴米油盐酱醋茶，这些东西你打死我我也不会往小说里写。我得写"高级"的东西，我得写"高级"的小说。

张　莉：那时候你读的全都是"形而上"，眼里没别的。

毕飞宇：说到底，这还是由阅读决定的，我在大学时代读梅特林克，他的《青鸟》一棍子就把我打晕了，那是完全脱离了日常的戏剧文本，人所面对的只有两样东西，时间，还有空间。一个人死了，一百年之后，他的爱人出生了，——这他妈的多牛啊。我热爱这些理念，它们让我着迷。这里头还有我的虚荣，年轻人的虚荣，艺术是不该和散发着体气的日常生活沾边的，咱们得到远方去寻找描写的对象。

张　莉：当时的年轻人眼睛都朝着天，不落地。

毕飞宇：后来就开始接触中国的先锋小说了，我有一个不成熟的看法，通常说来，中国的先锋小说脱胎于西方的现代主义，就时空的处理方式而言，也许是的，其实，说中国的先锋小说脱胎于西方的浪漫主义也许更合适一些。"浪漫"这个词在法语里头其实就是逃避的意思，逃避什么呢？逃避现实，不再现实，结果就是浪漫。

张　莉：这个说法有点新意。

毕飞宇：反正我尝试着开始文学创作的时候，脑子里没有一点现实的东西，日常生活那就更不用说了。但是，一个写作的人不可能恒定不变，他会调整自己，他会认识自己，同时也会认识文学，这里头既有修炼的问题,也有一个年纪的问题,人都要长大,伴随着长大,你对生命的认知、对生活的认知、对表达的认知,都会变。

张　莉：生命的过程,其实就是不断修为、不断完善。我也有这种体会,以前反对的,反而成了现在热爱的,一百八十度转变。

毕飞宇：老实说,当我以一个小说家的身份注重日常问题的时候,我在骨子里是痛苦的。大约在十年前,中国文坛开始时兴一个词,叫"后撤",一个人在后撤的时候多多少少都会带着一些不甘,这个不甘带来痛苦。我从此知道了一件事,我再也做不了仙风道骨的艺术家了。我当时的痛苦很具体,一方面,在理性上,我知道自己必须往那里走,另一方面,情感上不愿意。我的许许多多的痛苦就是这么来的,不止这一件。

张　莉：同时,你也开始发现,跟日常伴随的就是伦理,人情的伦理,用你的话来说,文学要有"俗骨"。一个好的小说家,离不开这个东西。

毕飞宇：小说总是离不开两样东西的：第一,它的美学属性,也就是审美价值；第二,它的功利性,也就是社会意义。一个作家如果没有"俗骨",他的作品就无法支撑社会意义。王彬彬有一本书,书的名字我非常喜欢,叫"在功利与唯美之间"。要知道,在功利和唯美之间，作家是很纠结的。我没有和别人交流过，但是，我纠结，骨子里，做一个小说家是很难幸福的，总是有这样那样的问题让他纠结。

张　莉：其实我总觉得，写日常对一位作家是个考验，以大开大阖的剧烈命运吸引读者不难，如何写出平凡生活中的不平凡，从日常生活中发现"戏剧性"是一个挑战。现实，日常，怎么也不该成为一位作家的盲点。

毕飞宇：是这样的。

张　莉：这种世情伦理在你的小说里面有一个特别的特征，尤其在读《平原》的时候，我当时写评论，觉得两个农村的妇女之间的那种说话非常有意思。它其实传承了中国明清世俗小说里面的某种精华。

毕飞宇：有一次我碰到一个老作家，《平原》刚刚发表，他见到我的时候，说《平原》里面有一部分写得特别好，我说哪个部分，他就说端方的妈妈去找会计的时候，她的手上拿了一只酱油瓶，到了会计家的门口，她把酱油瓶放在了地上，然后，空着手进门了。

张　莉：她这么做是有她的缘由的。

毕飞宇：好吧，我就来说说这个酱油瓶。我们乡下的女人心是很深的，她要托人办事，一般不会直接说，而是找一个借口，仿佛是路过，临时想起来的。为什么要找一个借口呢？因为她没把握，怕人家拒绝，如果是路过的，被拒绝也就不伤脸面了。到了家门口，她要避免误会，别让人家以为是送礼来的，所以，就把一个空瓶子搁在了天井的地上。——这一来一切都顺理成章了。

张　莉：心思缜密。透过这样的细节，这个人物跃然纸上。

毕飞宇：作家要塑造人，第一件事是理解人，从哪里理解？从日常生活这个层面上理解。如果没有这个酱油瓶，端方的母亲这个行为就很难饱满。刚才我们说了半天的人物，现在又来谈日常，在我看来，这两个问题是一个问题，你不在日常上下功夫，所谓的塑造人物往往就会成为一句空话。同样，如果这个日常不通过人物的动态体现出来，我们所说的日常就很难散发出它的魅力。

张　莉：重要的是，书写者不能浮在生活的表层，浮在生活的表层是看不到那些细节的，只有当作家浸入生活，沉潜下来，这些细节才会信手拈来。因为这种日常，这小说脱离了1976年这个背景，还会被读者理解，因为，我们今天还有这样的生活习惯，或者是这种人与人交往的方式。

毕飞宇：我为什么一定要在《平原》当中描写那么多的日常生活的细节，为什么要写那么多的日常生活的细节？目的只有一个，就是通过这些细节呈现中国农业社会时期的基本伦理。这是第一层。为什么写这个基本伦理，我要告诉大家，无论"文革"的政治多么惨烈、多么残酷，它永远没有能力去替换生活的基本伦理，这个说起来我还要感谢张爱玲，她的《倾城之恋》我读过很多次，张爱玲不是一个做史学研究的，但是，她的这个大历史观对我有启发，无论飞机大炮多么热闹，影响不了基本生活的格局和底色，生活里那些必需的部分，它们永远在那儿。

张　莉：历史的某一个层面，就是日常的柴米油盐酱醋茶。历史有它普泛性的一面，或者说是机理。以前批评界喜欢史诗作品，以为只有写大事件才是写历史，其实不是，日常本身也是历史，另一种恒常的历史。

毕飞宇：1976年发生了那样的巨变，我想说，真正决定历史走向的，不是政治，还是日常的伦理。我不懂政治，但是，有一句话我觉得比所有的政治理想和政治理论都有力："生活就应该这样，生活就是不应该那样。"这里头有常识性的、铁一样的价值观。

张　莉：《平原》吸引人的地方固然有日常生活，但我认为最重要的是日常岁月中人如何为乱世所裹挟的生存，乱世中人的精神气质。传达日常生活是重要的，但更重要的是能传达出一种精神气质。好作品一定要有它的精神气质。你写的爱情故事，人物之间的爱情，整体来讲，都有共同的特点，用一句很俗的话，是接地气的，当然，我喜欢用及物这个说法，我自己不知道其他人说过没有，我觉得及物性，在你写人与人的情感，尤其爱情这块特别明显。

毕飞宇：我印象里面，我的小说里面情感问题、两性问题，每个作品里面，多多少少都涉及一部分，但是我也很少把这个东西作为一个显性主题。

张　莉：我想说的不是主题。前几天看一位俄国批评家评价托尔斯泰，他用很大篇幅评价托尔斯泰写人物的水平，他说托尔斯泰写人具有"肉体性"，比如说安娜的"指尖处变细"。这是很有质感的写作。比如《孔乙己》腿断了之后，我见他"满手是泥，原来他便用这手走来的"，"用这手走来的"就是及物性。我刚才说你的小说"及物"，感觉你也有这方面的追求。比如，端方和三丫谈恋爱时蚊子叮的包；《相爱的日子》里面的她掉的"头发"；《推拿》里面金嫣问泰来自己怎么好看，泰来回答"像红烧肉一样好看"，这些细节是及物的、可触的。我的意思是，你用一种很及物的方式构造了你的人物和他们的情感。我的教学经验里，比如跟学生讲《推拿》，我只要把上面这个例子举出来，年轻人会会心一笑，笑得特别可爱。这种及物性，完全超越了代际，八〇后九〇后全都理解这些人物情感了，我说的及物是这个意思。在你以前的小说里面，比如说《是谁在深夜说话》这样的小说里面，没有那么及物，但是越到后面，这个特点越明显。我很欣赏这一点。

毕飞宇：说起及物，我其实是不喜欢让语言及物的，年轻的时候尤其是这样。我总觉得语言一旦及物就不高级了，语言之所以迷人，就因为它可以不及物。特朗斯特罗姆说："美丽的陡坡大多沉默不语。"你能说这句话是及物的吗？不能，它不是对"陡坡"的具体描摹，更不是状物，它其实是不及物的，它类似于箴言，带有某种神性。我喜欢这样的语言，某种程度上，我后来让语言及物其实是做了一次妥协，这个妥协也意外地发现了一个新天地。我多次说到纠结，其实，妥协和坚持之间又是一个让人纠结的事情，你不知道哪里需要坚持，哪里需要妥协。这个过程不可能是舒服的。你还记得《是谁在深夜说话》吧，虽然作品中有人物，也有两性之间的关系，很及物了，但是，这个小说的目的依然不在这儿。

张 莉：那个小说也是好的，但人物上呢，我总觉得没有切肤感。

毕飞宇：我很理解你这样说，其实，在我写《是谁在深夜说话》的时候，1995年吧，虽然我在小说观念上做了调整，但是，我还是很难接受完全"及物"的语言，我依然渴望跳脱。这里不只是一个能力的问题，还是美学趣味的问题。我太喜欢那种与物质无关的语言了，有一种出污泥而不染的圣洁。我喜欢那个东西。说到这里我都有点怀疑我是不是真的喜欢哲学了，也许我喜欢的就是哲学的那种语言。我读马克思《巴黎手稿》的时候，我实在惊诧于马克思的语言，还有霍金，还有康定斯基，还有龚苏罗·阿克絮佩里。龚苏罗写过一本《玫瑰的回忆》，也许许多人都没有读过这本书，那本书的知名度也不高，可是，我喜欢得不行。

张　莉：我为什么喜欢你后来的小说，觉得越来越有进步呢？就是觉得既有切肤感，也有另外的理解角度和空间，是任何一个年龄段，或者任何一个时代的人都可以理解的那个层面，与读者情感有对接。这是写作技术日臻完善的标识。

毕飞宇：这个是不奇怪的，一个作家在三十出头的时候必然是越写越好的，这几乎是一个规律。

张　莉：也不是，年纪越大不一定越写越好，作家还是得思考，得琢磨，得对自己有要求。如果没有难度的要求，写得越多越久的作家，越有可能惯性写作，这似乎是每个成名作家面对的难题。

毕飞宇：所以啊，我还是坚持一点，无论我的小说语言多么及物，我想，它还是有不及物的企图的，所以它有两面性，有实的一面,也有空的一面。无论我的语言多么及物,我也希望我的语言是面包,不是面疙瘩,它必须是暄的。还有一点我也要补充一下,我在那个时候已经把《红楼梦》读出意思来了,我承认过,我读大学的时候没有读过《红楼梦》,不是我懒,是真的读不进去,一个二十出头的毛头小伙子,读不进去是正常的,读几页就放下了。《红楼梦》对我最大的帮助就是处理日常,也就是及物,但是,《红楼梦》最迷人的地方恰恰又不在这里,它的语言是可以从及物当中脱离开来的。我反复告诉徐则臣,小兄弟,你一定要好好研究《红楼梦》。我很幸运,你想想,三十多岁,他的阅读能力哪里是一个大学生可以比的,我一头就进去了。读完了《红楼梦》,我得到了最好的写作指导。

张　莉:你说这个从"及物"中脱离开去很重要。前几年我有段时间集中读过当代期刊上的小说,很多年轻作家写实,非常勤奋,反反复复写单位人际关系,写得很细,但读完后很气馁。作品没有艺术气质,完全没有飞升空间。只知"及物",不知其余。小说家固然要懂日常,但又不能完全陷于日常,你不能为了描写人际而写人际,不能为了写椅子而写椅子,还是要有艺术的追求,要有飞升,要写出日常生活的深刻性。《红楼梦》写尽了日常生活,但读完后我们有那么多的感慨,"白茫茫大地真干净",这就是它的艺术气质。好小说要有具体的细节和生动的形象,但同时它又应该有抽象性和概括力。我的意思是,好的小说家要懂这个世界,这个懂不只是这个世界的具体的人情事理，也包括对世界、对现实、对历史的整体认知能力，对整个世界和人生，小说家一定要有他的看法，作家书写的是他眼中的、他理解的世界。一部伟大作品里，一定包含着一位伟大作家的形而上的思考。其实作批评也一样。不能只局限于某个文本，批评家要有眼光，有情怀。我最近越来越觉得"懂"对一个人的研究的重要性。有时候读一个人的论文，发现这个文章的道理不通，不通人情不通事理。何以不通？就是脑子全被"理论"充塞了，消化不良，只知道挥着理论的大棒到处抡，所以既不通，也不懂。当然，我自己在这方面是有欠缺的，我常提醒自己要警惕。

毕飞宇：我年轻的时候其实也不是不懂，是不想让自己懂。这个懂与不懂完全取决于你对小说的再认识，取决于你小说美学观念的变迁。就说《玉米》，你不能说我在读大学的时候不知道小说里的那些内容，也不是不能写，但是，只有到了2000年之后我才愿意那样去写。所以我想说，作家的潜能其实是无限的，许多可能性都沉睡在你的身体内部，它什么时候醒来，和外部文学的氛围有关，和你的自我调节也有关。问题是你想不想改变你自己，你如果一直重复自己，那么，你这个作家的"人物形象"就不可能饱满，像福斯特所说的，作家自己就成了一个"平面人物"。

张　莉：只能说，有个东西在你这里突然苏醒了。一个小说家要在哪里苏醒，意味着他成为哪一类作家。换个人读《红楼梦》，他从另外的地方获得启发。

毕飞宇：也许我还要说到托尔斯泰。和曹雪芹一样，托尔斯泰也是一个可以读一辈子的作家。作家是有恒定的年纪的，罗曼·罗兰，他十八岁，永远是十八岁，四十岁之后你再读他，没什么意思。海明威，二十五岁，他给我的记忆就是二十五岁。加缪，四十岁。曹雪芹和托尔斯泰这两个人不一样，你可以永远读下去。托尔斯泰伟大，这个还要说嘛，可是，对我们这些写作的人来说，说他伟大就没有意思了，我们得往小处说，托尔斯泰在世俗生活面前是多么的机敏，他描写人物的时候有这样一个特点，他能花几千字绕来绕去，到了要命的地方，一两句，他就来那么一下。有些作家你是可以向他学习的，曹雪芹和托尔斯泰都是可以学习的作家，陀斯妥耶夫斯基就不是很适合，汪曾祺也不适合，当然了，把汪曾祺放在这里谈论有些不合适了。

张　莉：说起托尔斯泰的伟大，我读过一本书叫《托尔斯泰与陀思妥耶夫斯基》，那位作者认为托尔斯泰的魅力在于，"（他）在全部感觉之中寻找最特殊、最具个人性、最具体的东西，似乎在寻找这些东西最微细的刺针，并且把这些刺针磨得锋利，尖细得几近病态，所以这些刺针就像锥尖一样潜入、沉入我们肌肤，我们已经没有办法从中解脱：他的感觉之特征会永远地变成我们的特征，我们的感觉将会和他一样。"说得我心有戚戚焉。事实上，读完《安娜·卡列尼娜》，我们对人、对爱、对情欲、对世界的理解是有不同的，好作家可以改造人的世界观，文学的魅力就在此处，大作家的魅力就在此处。

9．尊严就是平等

张　莉：你对人的尊严的关注，不是从现在开始的，只不过在盲人身上体现得更为明显，即使是《玉米》，或者是《哺乳期的女人》里面也有这样的理念，比如说一个孩子的成长中，乳汁也是人的尊严的一部分，还有比如红豆，一个战俘，他的尊严在哪里？但是到《推拿》的时候，这种对人的尊严的认识读者理解起来更容易。我的意思是，你对人的尊严的关注，似乎比较早了。

毕飞宇：是的，尊严是我一直关注的一个话题，不过，很少有人和我谈论。《推拿》之后，这个问题浮出水面了，和我探讨尊严的朋友慢慢多了起来。

张　莉：《推拿》刚发表之后，尊严成了评论你的关键词。

毕飞宇：尊严问题看似复杂，似乎是一个理论问题，其实一点也不复杂。在我的脑海里头，尊严问题其实就是一个平等的问题。平等的问题则更加简单，简单到不需要讨论的地步，那就是"天赋人权，人人生而平等"。你注意到了吗？在西方重要的文献里，这个问题不讨论，不搞逻辑论证。你不觉得奇怪吗？西方人那么在意逻辑，那么在意论证，但是，在平等这个问题上，他们很"粗暴"，就是不论证，就是不讲逻辑，直接就是"天赋"人权，人是"生而"平等。当然，这个与他们的基督教文化背景有关。

张　莉：尊严应该是人与生俱来的。

毕飞宇：在这个问题上，东西方文化的差异是很大的，中国进入现代社会很困难，与这种文化差异有很大的关系。在中国，尊严不是一个"天赋"的问题，而是一个权力的问题。人们很容易把尊严问题和权力的力量对比联系起来，那么好吧，我们来看一看。在专制制度底下，太监没有尊严，这个是一定的，皇帝的权力最大，他就有尊严了？也没有。皇帝依附于他的皇权，这是最高权力，在这个权力之下，作为皇帝的个人，也没有一个有效的法律来保护他。一旦皇权丧失，你可以在皇帝的脑袋上拉屎，一刀捅死了算是便宜的，鞭尸都是常事。所以，尊严的前提是"拿人当人"，得有"拿人当人"的制度和"拿人当人"的法律作保证，太监连人的玩意儿都没了，他低于人，皇帝高于人，他们不能算作主体意义上的人。不是人就没有人的尊严。

张　莉：评论《推拿》时，我起了个名字叫《日常的尊严》。因为我认为尊严就应该是日常性的，时时处处人都应该有尊严。当然，尊严不是人想得到就能得到的，得靠争取，也得有文化环境以及社会制度作保障。

毕飞宇：所以，尊严的问题一定牵扯到制度的问题，说到这里话题就得往大处走，那就是，一个作家如果你关心尊严问题，你就得有制度关怀。简·爱对罗切斯特说："在上帝的面前，我们是平等的。"这句话简·爱说得一点都不错，她和罗切斯特的脑袋上方的确有一个上帝，上帝是神，不是人。我们的脑袋上方是谁呢？是人，是权力更大的人。这一来问题就复杂得多。某种程度上说，我们的文化是更容易产生权力的文化，也是更加依附于权力的文化。对我们来说，文化与权力是二位一体的，麻烦就在这里。

张　莉：你分析过《红楼梦》里的刘姥姥带着板儿去"打抽丰"的那段。进入大观园之前，她不停地关照板儿，不停地扯板儿上衣的下摆。当然，从程度上说，刘姥姥的尊严似乎还达不到我们刚才所讨论的那个高度，她只是自尊，爱体面，但是，她的自主意识问题又是那样的醒目。

毕飞宇：我对刘姥姥有如此深刻的印象，完全是因为我的母亲。我的母亲是一个乡村教师，特别地爱体面。因为特殊的家境，在走亲戚的时候，我的母亲一定会替我整理衣服，让我呈现出"有家教"的样子。某种程度上说，我的母亲就是刘姥姥，我就是那个板儿。我读《红楼梦》的时候，刘姥姥的那几下一直扯在我的背脊上，我甚至可以知道刘姥姥关照板儿的话是什么。我为什么那么喜爱曹雪芹？是这样，我有一个判断，你一个做作家的，你也不认识我，可你都写到我们家里来了，都写到我的身上来了，那我就一定会喜欢你。鲁迅也是这样，他也能把他的笔一直写到我的家里来。什么是伟大的作家？可以把他的笔写到千家万户的作家就是大作家。说到底，我的母亲为什么要对我那样，最主要的一个原因是我的父亲，我的父亲是贱民，在我母亲的那一头，她就必须保证贱民的儿子不能再像贱民，你得"有个人样"，对吧？

张　莉：这真是小说家的表达，把"笔一直送到千家万户去"，也就是送到千家万户的心里去。

毕飞宇：曹雪芹描写刘姥姥进大观园的那些文字一点也不抒情，甚至相反，有游戏的成分，很闹，还"搞笑"，但是，每次读到那里我的心里都非常难受，想哭也哭不出来。曹雪芹真是一个了不起的作家，只有洞穿了人生的人才有那样的笔力，对着你的心脏，在很深的地方扎进去。

张　莉：回过头来说尊严，有人把《推拿》定义为"关于尊严的书"，我想你大概不会反对。

毕飞宇：我不会反对。2006年，我打算写《推拿》的时候，中国社会最流行的一个词是什么你知道吗？是厚黑。也许这个词并不是在那一年流行起来的，可是，那一年我开始关注它了。厚黑。我在盲人的世界里看到的完全不是这一路的东西。厚黑已经文化化了，成了一个重大的社会问题，一个时代的特征。我一直在说，《推拿》也许不是我最好的作品，但是我珍惜它，它的小体量里有我关注的大问题。我想这样说，在当下的中国，尊严不再是一个人的感受问题，它实在是一个重大的社会问题。

阅读（一）

1. 唐诗
2. 《红楼梦》与《水浒传》
3. 《聊斋志异》
4. 鲁迅
5. 张爱玲
6. 周作人

1. 唐诗

张　莉：阅读也许不好谈，也可能会谈散了，我们就挑几个比较要紧的点，那些有可能对未来的写作产生重要影响的几个点来谈。以我的经验,对你影响最大的,中国四大名著里面,第一是《红楼梦》,第二是《水浒传》。

毕飞宇：其实唐诗对我的影响挺大的，我这样说好像也挺夸张的，好像我专门研究过唐诗一样，那倒也没有，但是我一直说，美学趣味是一个幽灵古怪的东西，它对人的一生都有影响。建立美学趣味是一件很难的事情吗？当然，很难，可是，有时候，它又很容易。举一个例子，在我的童年时代，如果有人对我的父亲说起困难，我的父亲就会这样自言自语："蜀道之难，难于上青天"，这句话的意思是什么呢，就是"比登天还难"。"比登天还难"属于俚语，每个人都会说。"难于上青天"，这就不再是俚语，而是唐诗。都是五个字，这两句有什么区别吗？有，"比登天还难"的"天"是不具体的，没有高度，没有色彩，是空的，"难于上青天"呢？这个"天"有了色彩，因为是"青"的，所以，它剔透，直指苍穹，成了最高的地方，所以，它"难"。我说这个是什么意思呢？在我的家里，我的父亲冷不丁地就会来一句唐诗，也不解释，你似懂非懂的，但周边的环境提醒你一件事：我父亲的话说得漂亮。慢慢地，孩子就知道了一件事，引用唐诗之所以得到尊重，那一定是唐诗很高级。它的节奏也是独特的，和普通人说话不一样。

张　莉：唐诗在我们的谈话中出现很多次了，你后来读大学的时候又好好研究过吗？

毕飞宇：不是，我用心研究诗词是在高中时期，主要是平仄。为什么要研究平仄呢？主要是我想写"唐诗"。还真的写了几首，狗屁不通。是我的父亲告诉我"平仄"的，我死心眼了，找来许多诗，用一个小本子写出它们的平仄关系，结果，一无所获。等我读了大学，买来了一本书，《诗词格律》，一看，我的妈呀，太简单了，是有规律的，我们的前人早就弄好了。这件事对我有打击，我在中学阶段花了那么多的时间，太冤枉了。

附带着我要说一句我们的教育制度，应试教育实在是太混账了，如果不是应试教育，我们的孩子会开心许多。我在中学阶段多潇洒，想弄什么就弄什么，还研究诗词格律，很开心的。当然，结果很惨，考不上大学。我不得不通过补习班再用功。

　　唐诗对我产生的印象还是少年时候的事情，虽然年纪还小，但是，可以读出唐诗的大，那时候并不知道什么叫虚、什么叫实，更不知道什么叫意境，就是能感受到语言所构成的那种大，语言是可以突破自身的，这个直觉我很早就有了，其实这就是所谓的审美趣味。因为父亲动不动就要来一句唐诗，这个让我受益终身。这个终身受益并不是说我在唐诗研究上有贡献，我的意思是，它让我在很小的时候建立了语言的美学趣味，这个是不自觉的。现在的幼儿园也让孩子背唐诗的，这个很好，但是我以为，这个和我受到唐诗的熏陶还是不一样的，老师在教室里对孩子说，"二月春风似剪刀"，孩子记住了，我呢，看到树枝发芽了，我的父亲来一句，"二月春风似剪刀"，感受会不同，点不一样，很生活的。

　　张　莉：这个影响大概叫家学吧，你的许多短篇里都有唐诗的影子，在营造氛围和意境上。我觉得，唐诗对我们的重要性是浸入式的。我想到唐诗的时候，常有奇妙的感觉，觉得它很像魔术，有召唤功能。比如当我们说起"床前明月光"时，我们眼前不仅仅可以出现一些月光场景，内心还会涌起乡愁，也可能因为吟诵此诗在异国他乡辨认出我们的兄弟，甚至，它还会引领我们找到我们的先人，我们会想到那些穿古装的写诗者和读诗者，某种程度上，唐诗是我们民族潜在的凝聚力，它流在我们每个人的血液里，成为我们最不能割舍的那部分传统。说起来传统很玄妙，其实就在我们的日常生活里，我们的日常生活里。

毕飞宇：你现在让我背诵唐诗，我背不出几首，但是，由于少年时代经常把玩，它在我的审美上留下了烙印。诗歌靠背诵是没用的，靠讲解也没用，主要靠把玩。说起来真是无趣，我那个时候读唐诗一点都不是用功，不是爱学习，都不是。我只是无聊，无聊的心境和诗歌其实是很合拍的，诗歌就是这样一种东西——想做什么，但做不成。我不认为诗歌是给知识分子读的，也不认为诗歌是给老人读的，诗歌就是给孩子读的，它是孩子心智上的玩具。诗歌不存在懂不懂的问题，因为诗歌可以绕过语言，直接抵达懵懂的心。我儿子的童年时代我给他讲过唐诗，但是，很无趣，一讲就无趣，我很厌恶我自己的讲解，我后来再也不给他讲了。"大漠孤烟直，长河落日圆"，很简单，很直白，怎么讲呢？这两句诗是什么意思呢，我只能说，这两句诗的意思是："大漠孤烟直，长河落日圆"。诗歌是靠运气的，如果你能够领悟，一下子就够了，如果你不能，那我就必须再给你讲解一遍："大漠，孤烟，直；长河，落日，圆。"我还可以讲解得更加仔细一点："大，漠，孤，烟，直；长，河，落，日，圆。"但我想这已经不是诗了，而诗人也差不多快上吊了。

张　莉：我想到自己小时候背唐诗。学龄前的时候，我父亲并不会在日常生活中引用唐诗。但有阵子他大概觉得女儿们应该会背唐诗吧，就要求我们姐妹背《唐诗三百首》里的一些诗，背他划定的那些，背完了才可以吃饭，或者才可以出去跳皮筋。容易背的诗我现在都忘记了，反倒是难背的诗记住了，因为背的次数多啊。特别好玩儿的是，我长大以后脑子里会突然跳出几句诗来的，冷不丁就会冒出来。比如那句"感时花溅泪，恨别鸟惊心"。我喜欢"花溅泪""鸟惊心"，没原因，就是觉得好。现在想，可能就是它对情感表达得很深刻，有它的浓缩性。还有那句"身无彩凤双飞翼，心有灵犀一点通"。以前也完全不知道它在说什么，只知道死背。但没想到这些诗句常会在某一天苏醒。后来上大学，谈恋爱结婚，有一天在厨房里突然就想到这首诗了，"身无彩凤"，"心有灵犀"，——爱人之间那么浓烈的百转千回的情感，全在这句诗里了吧？真好。现在想想，一千多年来，这两句诗帮助过多少有情人度过他们的相思岁月啊，李商隐老师了不起。

2.《红楼梦》与《水浒传》

张　莉：我为什么觉得你受《红楼梦》的影响大呢？因为我看过你写的一个文章。完全是一个小说家的经验解读，解读《红楼梦》对日常的书写，对日常的理解，感觉你应该受这本小说的影响比较大。当然，你前面也谈了不少《红楼梦》的影响了。你似乎引用过张清华老师的一个分析，挺有意思的。

毕飞宇：张清华的那个不是分析，他是总结。他是在和我讨论戏剧性的时候总结三大名著的:《红楼梦》是空色空,《水浒传》是散聚散,《三国演义》是分合分。我觉得他从这个角度谈论戏剧性很有见地。说起《红楼梦》，我父亲可以说是一个民间的红学家，我太太也是，他们太熟悉了，几乎熟悉每一个细节，在他们面前我是没有资格谈论《红楼梦》的。《红楼梦》是这样的一本书，无论你有多的智慧，这本书都罩得住你，反过来，无论你多么浅薄，哪怕只是识字，《红楼梦》你也能读，一样有滋有味，《红楼梦》是上天入地的，这是一部顶级的小说，我对《红楼梦》的研读远远达不到我父亲的程度。老实说，我很反感现在的一些《红楼梦》研究，已经到了操蛋的地步，那哪里还是研究小说？简直就是神经病，完全是走火入魔。

张　莉：是，我对现在红学研究很有困惑，——当狂热的红学家们把《红楼梦》里所有发生的事情当作"真实"、当作"历史"来对待来琢磨时，那到底是对小说艺术的抬高还是贬低呢？至少我认为是没把小说当成小说，没把小说家当成小说家。

毕飞宇：如果只说《红楼梦》，我要说，这本书对我的写作其实并没有什么直接的影响，你很难看到我受它什么影响了，这个影响不是如何去写，而是如何去做一个作家，影响反而是比较大的。同时我还有一个看法，那就是《红楼梦》这本书你可以去慢慢地读，但是，绝对不能那样去写，一部小说的内部究竟该不该隐藏那么多的机关？我的看法是否定的。写小说不是捉迷藏，看小说更不是捉迷藏，《红楼梦》是孤本，这样的小说不该是普遍的。的确，《红楼梦》是一部容易让人走火入魔的小说。比较下来，我对《水浒传》更亲一些。

张　莉：我们以前在谈话中讨论过金圣叹的点评，《水浒传》跟你关系好像更亲一些，资料上说施耐庵跟兴化有关系。

毕飞宇：我是兴化人，施耐庵也是兴化人，老乡呢。当然，这个问题在史学上有争论，不过这种争论和我一点关系都没有。对我来说，施耐庵就是我老乡，施家桥村有他的墓，离我生活过的村子也就几里路。你还记得《玉米》里玉米的母亲吧？她叫施桂芳，在我的小说里，她就来自施家桥村。我请你注意一下，施桂芳姓什么？姓施。施家桥的施，施耐庵的施。

张　莉：下意识取的吧？

毕飞宇：《水浒传》对我的影响是不一样的。对我来说，它就不是一本书，它就是我的日常生活。可以这么说，从我懂事的那一天起，身边就有人跟我讲《水浒传》了。及时雨宋江、黑旋风李逵、豹子头林冲、浪里白条张顺，就跟邻居似的。在我们兴化，即使是一个文盲，他也可以把《水浒传》里的人物一个一个地给你讲出来。《水浒传》和别的文学经典不一样的，施耐庵是家里人，跟他用不着客气。当然，我说《水浒传》对我有影响也有点不恰当，我只是熟悉它罢了。这个我很自豪的，施耐庵是兴化的，扬州八怪里头有两怪是我们兴化的，刘熙载也是我们兴化的。

张　莉：《水浒传》里有没有兴化的方言？

毕飞宇：不清晰。

张　莉：施耐庵老家是兴化的吗？

毕飞宇：这个存疑，但是《水浒传》在兴化写的，这个基本是可以确定的。施耐庵的墓的确在兴化，少年时代我去施家桥看露天电影，还爬上去过。那时候谁会把施耐庵放在心上？到处抢文化名人，那可是现在的事情，那时候完全不是这样。在我读小学的那会儿，文人和作家是不值钱的，我也没有把施耐庵当成一个大人物去看待。对了，我写过一个短篇，叫《武松打虎》，还写到过施耐庵的墓地呢。当然，我写的是说书艺人的故事。

张　莉：村子里的老人常说起施耐庵吗？

毕飞宇：也不常说，要说也说村支书、知青，说施耐庵干什么？我不是说了嘛，那时候没有人会在意一个破小说家。大家只是对《水浒传》的人物和故事很熟悉。1975年，有过一次政治运动，反投降派，这个运动就叫"评《水浒传》"。毛泽东还说过一句话："《水浒传》这本书，好就好在投降。"那时候我才十一岁，对"投降"这两个字是很反感的。我也许有机会读《水浒传》的，似乎也没有看下去。

我真正开始读《水浒传》是高中阶段，我意外地得到了一套金圣叹的评本，七十回的那一种，这本书现在还在我的家里。金圣叹的评本不只是让我读了《水浒传》，还让我初步了解了小说的"读法"。我"会读"小说是在看了金圣叹的批注之后，他的批注写得好极了。

张　莉：我对他关于书中人物粗鲁的分析印象深刻，比如他说《水浒传》人的粗鲁处有诸多不同："鲁达粗卤是性急，史进粗卤是少年任气，李逵粗卤是蛮，武松粗卤是豪杰不受羁绊，阮小七粗卤是悲愤无说处，焦挺粗卤是气质不好"，饶是贴切。

毕飞宇：我至今都不认为《水浒传》是一本多么了不得的小说，离伟大是有距离的。《水浒传》最大的贡献在这里，——因为它是"冰糖葫芦式"的小说，人物太多，也没有一个统一的框架结构，所以，它塑造人物的速度是惊人的。什么意思呢？它塑造人物很快，一两页纸，一个人物基本上就确立起来了。这对我写小说有帮助，尤其是塑造那些次要人物。次要人物你不可能给他太多的篇幅，篇幅也不允许，有些甚至只出场一次，面对这样的人物，你怎么办？许多作品在这个问题上是令人遗憾的。写小说是有负担的，表面上看，你就是往下写，但是，在这个过程中，你要涉及场景、人物、人物的发育、人物关系、情感、语言，负担很重。所以，有时候，有些次要的人物，你要用尽可能短的篇幅让他确立起来，否则你没法写的。在这个问题上，我从《水浒传》那里学到太多了。

张　莉：这是那种画卷式的方式吧，可我还是认为《水浒传》对你有影响。

毕飞宇：《水浒传》对我当然有影响，这个影响不是写小说，而是为人。你知道的，《水浒传》是一本男性的书，它强调的男性与男性之间的仗义。放在现代文明面前，仗义也许不算一种美德，但是，我是在《水浒传》的氛围里长大的，又是乡村，所以，我在骨子里还是农民，那就是讲究仗义。我不再年轻，其实很不喜欢这样，总觉得仗义是街头小混混的做派，带有江湖的痕迹，很不好看，但我就是改不了。事情不到那个节骨眼上，我可以温文尔雅的，到了那个节骨眼上，我农民的本性就会冒出来，童年的文化背景对人的影响实在是太大了。"少不读《水浒》"，这句话是有道理的。

张　莉：我知道《水浒传》的写作技法上有值得学习的地方，但是，我必须特别坦率地承认，我很不喜欢这本书，你前面说它不是伟大的小说甚合我意。我认为这小说里有"杀伐之气"，而且其中对女性形象的扭曲和贬抑令人无法忍受。不过，你刚才说的仗义啊、农民的本性啊，这些说法真的是有意思。

3.《聊斋志异》

毕飞宇：另外，我还不得不提的是《聊斋志异》。我父亲给我买的，白书皮的，有文言，有白话的，就十几篇。

张　莉：我好像也有过这么一本，青少年普及读物。

毕飞宇：我父亲去县城都要去书店，有一天就带回了这本白皮书。我不喜欢这个书名，《聊斋志异》，作者又是蒲松龄。笔画太多了，太复杂，看上去不是那么回事。老实说我不是很喜欢这本书，也不打仗。一个"文革"后期的孩子不太可能喜爱这样的东西。

张　莉：里面的鬼故事读起来让人头皮发麻，很刺激。你说你不喜欢，但你还是得提到它。

毕飞宇：是这样的，我父亲告诉我，这本书"很有名"，所以我也看。这个对我有些影响。男孩子总是受父亲的影响大一些，尤其在阅读方面，他说好，你即使体会不到，但不会轻易去怀疑。他那个时候是高中语文老师，对一个少年来说，高中语文老师还是有些权威的。到了高中，课本就有《促织》了。我想说《促织》写得实在是太好了，这也许是我读过的最短的一个短篇，大概只有六七百个字，可是，就是这六七百个字，差不多就是一部大长篇，波涛汹涌，波澜壮阔。

张　莉：我们具体说说它的波澜壮阔吧。

毕飞宇：你来看哈，小说一开头就说清楚了，捉蛐蛐是一个倒霉的差事，成名因为是个倒霉蛋，摊上了。小说开始往下走。不到一年，全赔光了，成名想死，到底了。成名的妻子一劝，让他自己去捉，成名看到了希望，小说开始往上拉。结果呢，捉不到，成名被打了个半死，成名又想死，小说又往下走了。来了个算命的，给了成名一张"寻宝图"，成名按图索骥，找着蛐蛐了，小说往上拉了，成名的儿子把蛐蛐弄死了，小说再往下走。还没完，儿子跳井，死了。小说又落到底了。儿子原来没死，活过来了，小说再往上拉，成名听到蛐蛐叫，捉到了，却太小，不想要，结果呢，小个子的蛐蛐迎来了第一场胜利，小说的气势一下子上去了，小说的气势刚刚上来，一只鸡来了，小蛐蛐被鸡压住了，小说往下走。结果呢，小蛐蛐把鸡打败了，小说抵达一个小高潮。成名把蛐蛐献上去，当官的嫌小，小说又下来了，结果只能是考验小蛐蛐的功力，小说开始往上拉，小蛐蛐无往而不胜，到了这儿，皇帝高兴了，发奖金，提拔干部。

你看看，就六七百个字，上上下下的，太精彩了，密不透风。

张　莉：在一个狭窄空间里，小说家把威权与小民的关系写得波涛汹涌，世事的残酷、残忍、无常，全在这不到一千字的篇幅里了。而且，小说语言简洁有力，尤其是写到成名儿子死后那几句，大家手笔。

毕飞宇：是，儿子死了之后，其实也没死，蒲松龄就用了八个字："夫妻向隅，茅舍无烟。"你想想看，夫妻俩，一人面对一个墙角，到了吃饭的光景，茅棚子上连炊烟都没有了，太凄凉了，一点热乎气都没有了。

张　莉："力透纸背"，文言妙处在此处尽显。这是《聊斋志异》里的经典篇目，我们当时高中课本里就有，但真的理解其中妙处也是在大学毕业之后了。

毕飞宇：对了，我也写过一个短篇，就是写促织的，叫《蛐蛐，蛐蛐》，我特别希望鬼气缭绕的。

张　莉:哈,我想起来了。你好像特别喜欢狐狸,是不是跟《聊斋志异》有关系?

毕飞宇:说不好,也许有,也许没有。我在《苏北少年堂吉诃德》里面也提到这个,蒲松龄之所以成为蒲松龄,是他一生当中面对了太多的断壁残垣,那是乱世的景象。蒲松龄把整个中国的短篇小说推到了一个极高的境界。对中国文学史来说,有没有蒲松龄是很不一样的。没有蒲松龄的话,我们的短篇小说史其实不好看的。

张　莉:蒲松龄能在那么短的篇幅内构架一个故事,峰回路转,引人入胜,显示了他作为短篇小说家的卓异才华。但他的最大魅力还是在于他的想象力,他小说的奇幻色彩。蒲松龄可以把那么多花妖狐怪的事情与我们最日常最普通的生活紧密连接在一起,使读者完全进入亦真亦幻的文字世界,我觉得这个特别了不起。今天我们讨论玄幻,穿越,其实鼻祖在这儿呢。

说句题外话,我发现,在某个时刻,当年的先锋派或者对先锋写作有尝试的那批作家,都开始回溯传统,开始重新理解中国古典文学的意义。格非上课时多次跟我们讨论过中国小说的时间观念的伟大、中国叙事传统的妙处,余华也很早就写随笔说过他意识到中国小说的叙事能量。你刚才讲唐诗和《红楼梦》《水浒传》《聊斋志异》,——作家们不约而同的行为总是意味深长。我想,你们这一代作家，大概也都到了五十岁，不管那些中国经典作品有没有真的对你产生过深刻影响，当你对它们念念不忘时，其实是在有意无间思考个人写作与文学传统、与文学史的关系。——回过头说"聊斋"，中国当代很多中国作家都承认受到了蒲松龄的影响，比如莫言吧，他多次说过他受到其中魔幻想象的影响。

毕飞宇：我只是承认蒲松龄短篇小说写得好，但是，宏观上，我不认为我受过他的影响，事实上，他对我没影响，我只是在一两篇小说上受到过他的启发罢了。

4．鲁迅

张　莉：对你影响最大的中国现代作家是谁，鲁迅？

毕飞宇：鲁迅。毫无疑问，是鲁迅。

张　莉：你似乎说过很早就开始读鲁迅。

毕飞宇：非常早，具体我记不得了，但是我记得一件事情。有一天，一群高中生来看望我的父亲，其中有一个人，他胳肢窝里就夹着一本《阿Q正传》，是个单行本。我就拿过来，却不认识Q这个字母，我就问这本书写的是什么，他用胳膊拱了我一下，说，你看不懂的。口气非常大。后来我还是看了几页，也没看得下去。我读鲁迅是很方便的，家里有，有不少杂文集，我的父亲当年是个文青，他对鲁迅还是很熟悉的。应当说，在我整个少年时代，没有完整地读过鲁迅的任何一本书，感觉不好。

张　莉：觉得哪里不好？

毕飞宇：句子别扭，费劲。

张　莉：我小时候也觉得他说话比较怪，大概每一代中国中学生初读他都会觉得怪，拗口。

毕飞宇：到了高中就好多了。能够感受到鲁迅的力量，鲁迅的语言太自信了，尤其在反驳的时候，他总有办法翻身。我们这一代人是在斗争的文化中度过少年的，也读大字报，对辩论中强势的一方总是抱有好感，我们有我们的思维定式，只要你强势，我们就会认定"正确"就在你的手里，这是很怪异的一种体验。我们小时候经常在打谷场打架，把别人打倒了我们并不佩服，我们最佩服的是那样的人，被别人打倒了，别人压在你的身上，然后，你翻过身来了，这是最牛的。鲁迅的文章就是这样，觉得别人说得挺好的,能压住你，可是，只要鲁迅把话题接过来了，随后他就翻身了。如果让我用今天的语言来讲的话，我觉得鲁迅的文章有一个特点，腰腹的力量特别大，它总能翻身。

张　莉：鲁迅的文章，我个人觉得，完全没有他同时代作家那种"乔张作致"的文艺腔，他的白话文一上来就特别成熟，切中，直接，简练，非常漂亮。一出手就是成熟的，就是范文。这在白话文草创时期真少见。刚才你这个关于腰腹的比喻也很好，是这样的。我中学时代读《狂人日记》，读不懂，觉得胡言乱语，不知道他要说什么。可是，偶然有一天，我躺在床上无聊翻书，又一次读到那句"从来如此，便对么？"哗，一下子觉得眼前有了光，我好像开始懂他了，明白他为什么要以狂人之语写作了，至少在我那里，在那一刻，我开始理解那位曾经寂寞地抄古碑的书生了。

毕飞宇：我读鲁迅最多的时候还是大学阶段，曾华鹏老师给我们讲鲁迅了。那时候我从高年级的同学那里得到一种说法，多读一点鲁迅，现代文学就不用再读了。曾老师的专题主要是帮助我们宏观地认识鲁迅，他把鲁迅放在了大的历史拐点上，重点有两个，启蒙的意义，还有"五四"的精神，曾老师并不做具体的文本分析，当然，《野草》另当别论。《野草》曾老师讲得比较细。比较下来，我对《野草》反而没什么兴趣，我对象征主义的东西不喜欢，像猜谜语，星星象征什么，乌云象征什么，月亮象征什么，这个就没劲。我最喜爱的还是鲁迅的杂文，也就是肉搏。说他是战士，真的是。我是体育迷，有体育常识的，通常，爆发力好的人耐力差，耐力好的人爆发力差，鲁迅为什么迷人呢？他的爆发力和耐力一样惊人，这个很难得。他可以靠他的爆发力一招制敌，同时这个人的耐力又极好，他在搏斗的时候非常草根，非常非常草根，他拳打脚踢，和你没完没了。如果鲁迅是拳击手，那可是了不得的，我这样说没有半点轻薄的意思，这是我最直接的感受，我觉得只有这样表述才能够说得精确一些。

张　莉：我现在最喜欢读他的杂文，时翻时新。有时候，我会和他争辩，但也常常被他说服，鲁迅禁得起读者和他反复深入地对话。

毕飞宇：在我看来，鲁迅最了不起的地方在这里：他为中国文人呈现了一种全新的文化心理，中国文人的文化心理是怎样的？儒道互补。"儒道互补"这句话其实并不准确，它忽视了一个次序上的问题，这个次序才是问题的根本。什么次序呢：以儒家始，及道家终。这个很糟糕。这不是一个精神上的脉络，其实是一种利益通道。反叛、对抗、批判，这些都是入世的，批判了之后呢？妥协、和解、和光同尘。和光同尘，这是道家的一套，所谓的"最高的境界"就是这个，把客体忘了，把主体也忘了，物我两忘，然后呢？天人合一，这就是所谓最高的境界。鲁迅的国学底子多厚，他哪里能不懂这个？小儿科，可鲁迅就是没有按照中国人的文化心理去安排自己，他是把"知"和"行"结合得最彻底的一位中国作家。他连漂亮话都懒得说，死到临头都坚持"一个都不宽恕"。如何面对国学、如何对待中国文化，这个可以讨论，但是，在新文化运动中，鲁迅为我们提供了一种全新的人格模式,尤其是知识分子的人格模式,这个太了不起了。他被利用,那不是他的错,这个屎盆子不能扣到他的头上去。

张　莉:"知行合一"这个评价太赞同不过了。看起来你对鲁迅是真心喜欢的。

毕飞宇:是的,喜欢。关于鲁迅,有一句话说得特别多,叫"虽不能至,心向往之",这句话很好,我也是这样。

张　莉:系统读过《鲁迅全集》吗?

毕飞宇:《鲁迅全集》我肯定没有读过,我不做研究,也没有必要的,但是,还是比较系统的。那是1996年至1997年,这一次读得时间比较长。

张　莉:有什么契机吗?

毕飞宇:那年我请了一年的创作假,在徐州,写《那个夏季,那个秋天》,什么也没带。白天写,到了晚上就无聊了。每天夜里,我就半坐在床上读鲁迅,这时候我三十二三岁了,可以好好地阅读鲁迅了。我的意思是,读得懂的部分比读不懂的部分多了。

张　莉：你有对《故乡》和《药》的分析。

毕飞宇：我演讲的时候多次分析，喜欢举这个例子，大家都熟悉嘛。你看，同样是说知识分子与大众的关系，《药》多少还是有点硬，围绕着一个馒头，看得出作者的"构思"，"华""夏"民族分成了两个部分，一部分想挽救另一部分，结果，正如爱因斯坦所说的那样："愚昧不可战胜。""华""夏"两家都死了人。《故乡》极好，很家常，一对发小，情同手足，长大了，再一次见面，闰土恭敬起来了，一见面就叫"老爷"，很自觉地把自己放在了奴才的那一头。这是很深刻、很沉痛的，——奴性不只是压迫的结果，也是一种自我选择，成了我们文化的基因，这就是所谓的"国民性"，有根深蒂固的奴才特征。

张　莉：他的许多短篇，从语言、细节、逻辑，都经得起分析。《故乡》里，那位豆腐西施、九斤老太，还有闰土，寥寥数语，便有如刻刀一样刻下了他们。还有那位阿Q、那位穿长衫站着喝酒的孔乙己先生，都太独异了，像我们民族的芒刺一样。鲁迅不仅仅为这些人画像，也是在为我们的"国民性"塑形。

毕飞宇：一个曹雪芹，一个鲁迅，你是可以不停地解读、不停地分析的。南帆有一句话说得特别好，所谓经典，就是经得起课堂分析。课堂分析是经典产生的重要路径,反过来,你又要经得起分析,从宏观,到微观,哪怕字、词、句,它要有做示范的作用。好作家是全人类的福利,你任何时候都可以读,从年轻到老年。你可以爱鲁迅,也可以不爱,但鲁迅是一个可以接得下去的话题。

张　莉:他从未过时。他很多关于时政和现实的分析,放在今天也都合适。王富仁老师说鲁迅是"中国文化的守夜人",很准确的。

毕飞宇:黑格尔早就说了,历史是相似的,它常回家看看。好作家的特点就在这里,他抓得住本质,时代过去了,人的本质还在那里。我们不能把鲁迅仅仅看作一个小说家,不是这样,他是亲历历史的人,是参与者,在历史的面前,他是历史的实践者,后来的作家都做不到了。我们这些作家最大的不幸就在这里,我们不再参与历史。这是作家的不幸,也是历史的不幸。

张　莉:现在文学的作用、作家的作用没以往那样大,当然有环境和传媒变化的缘故。但是,也因为当代作家介入社会的主动性不够,跟当代作家认识世界的能力有关。作家对现实世界没有整体认知能力,你看,许多作家写出的现实都是碎片式的、社会事件串烧式的。为什么呢?是因为心有余而力不足。对世界的穿透力不够。这不是特指哪一位作家,我觉得我们每个写作者都生活在一个雾霾的时代,都看不清,看不透,所以,也写不出。只能瞎摸了。

好的写作者应该是可以给读者和社会带来新鲜感受力的作家。它通过冒犯我们庸常的感受和经验使读者警醒和思考。鲁迅就是那样一种作家，他的文字有刺痛感，有震惊感。但他那个时代其实也是不光明的，也是让人看不清的，但他有穿透力，只有他有。这是不世出的天才。"当我沉默着的时候，我觉得充实；我将开口，同时感到空虚。"你发现没，人越到年纪大，越容易理解鲁迅。

毕飞宇：是的。

张　莉：陈希我曾经在文章里举例，认为你的写作技术超过了鲁迅，毕竟，鲁迅可能在一些写作技术上有瑕疵，而且他也只能写那个长度的东西。长的也写不了，没有时间写就去世了。但是，我还是觉得，鲁迅的文学成就，包括他的刻薄、他的尖锐、他的深入、他的有力、他的传神，都没人能超越。

毕飞宇：鲁迅是无法超越的。鲁迅的产生不只是他一个人的事情，不只是他的渊博和天赋，在"三千年未见之大变局"面前，中国文化选择了他，他的性格，也可以说人格的力量支撑了他，这一点是非常关键的。性格决定命运，命运却选择性格。马克思在谈论古希腊的时候说过，古希腊的艺术是"不可逾越"的，马克思并没有喝多，他看到了艺术形态背后的东西，那就是文化的背景，这个背景不再，它就不可逾越。童言无忌，古希腊的艺术就是童言无忌，你一长大,你就再也说不出口了,你就此失去了要风要雨的赤子之心,你也失去呼风唤雨的神秘力量。

张　莉:这就是为什么古罗马的艺术虽然伟大,却再也没有那种浑然的缘故。

毕飞宇:对呀,鲁迅还有一点邪乎的呢,让个性气质与手中的语言合而为一,就这一条,很少有人可以做到。鲁迅的文章,你只要读两行你就知道了,一定是鲁迅,他太像鲁迅了。

张　莉:就是"人剑合一"嘛。

毕飞宇:"人剑合一"。你把《鲁迅全集》拿出来,任何一个文章拿出来,都是鲁迅,其他的作家,写着写着,都会有一点走样,鲁迅从开始发表小说到他死,他没走过样。这太厉害了。我说老天爷选择了鲁迅是对的,成名晚,死得早,他的文学生命里只有辉煌。

5.张爱玲

张　莉：说说张爱玲。我当然知道她是一个好作家,是别出一格的作家,我觉得很多研究者对张爱玲阐释过度。在张爱玲研究上,学者们似乎总是不淡定。

毕飞宇：张爱玲其实不好聊,说实在的,我觉得聊张爱玲比聊张爱玲的小说困难,不知道你的感觉怎么样。

张　莉：的确困难。我们刚认识的时候,你大概已经忘记了,我们谈过张爱玲。

毕飞宇：你说的是在太原的那次会议上,我说张爱玲的身体没温度。

张　莉：对，你说，如果你和张爱玲生活在一个时代，正好要和她一起过马路，你是不会去搀扶她的，因为你会发现她的身体没温度，她的手也没有温度。

毕飞宇：无论如何，张爱玲是一个一流的作家。她是有洞见的，很厉害。可是无论她多么出色，只要前面还有一个曹雪芹，她就要打折扣。《红楼梦》是一棵树，她就是这棵树上的次生物。

张　莉：哎，次生物这个说法。你什么时候开始读张爱玲的？

毕飞宇：比较晚，张爱玲是"被发现"的嘛。

张　莉：你们那时候不流行张爱玲。

毕飞宇：我第一次见到这个名字的时候就认准了她是台湾的，很荒谬。我平白无故地认定"张爱玲"这三个字有台湾气，这简直莫名其妙。

张　莉：我也觉得她不像大陆作家，跟我当时读到的其他作家很不一样。我读张爱玲，最早是她的一个小说集，现在想想很有可能是盗版。其中收了《倾城之恋》《金锁记》，我特别喜欢这两部小说，现在也是。我当时读的时候，并不知道张爱玲是谁，那时候很小，大概是读初中，在我们家书架里翻到的，白流苏和范柳原住在同一旅馆，那个半夜里范柳原给白流苏打电话的情节让人印象深刻。我完全是当成通俗小说读的，现在想它可能就是一个少年的爱情启蒙读物。还有《沉香屑·第一炉香》，葛薇龙试她姑妈的衣服，那种柔滑的软缎吧，"凉阴阴地匝着人"，读的时候我的身上也是有了凉意的。多年后，还是忘不了那些人，想起他们，就能看到他们眉来眼去、风情万种的样子，这些男女永远不老，永远那么有风姿。

毕飞宇：张爱玲的确有她的魅力。我读张爱玲的时候年纪已经比较大了，还是合拍的。后来我就看到了夏志清对张爱玲的评论，我觉得夏志清在张爱玲这个问题上有些神经质，我就不太理解，怎么张爱玲就到了屈原、李白一样的地步了。批评家热爱一个作家当然可以，可你不要诗朗诵。

张　莉：很多人看她都用粉丝心态。我有阵子感兴趣张爱玲和胡兰成的关系，为张爱玲不值，但是后来看胡兰成的《今生今世》，又突然觉得胡大概属于男人里的狐狸精吧，别有风致，张爱玲当年迷他也在情理之中。前两年读到《小团圆》，唉，非常惊诧，我真希望自己没看《小团圆》。

毕飞宇：张爱玲如果没有《小团圆》这本书，她就是盛夏的丝瓜，像水果，像黄瓜，到了《小团圆》，深秋来临了，给人的感觉真是一个丝瓜，一点水没有，里面全是筋。这个蛮可怕的。

张　莉：看了《小团圆》以后，我觉得，以她的经历，她取得的文学成就应该更高，她生活在那样的家庭里面，她的人生经历随手拈来都应该是很好的小说，可是她有生之年并没有全部写出来，在某个时间段枯竭了，好像是被困住，干了。

毕飞宇：我读《小团圆》的时候心态也不对，不像是一个小说的读者，更像做考古的，一心想从《小团圆》里头寻找张爱玲，大部分时候找不到，偶尔，一两句，又找到了。这本书我读得不舒服。

张　莉：我也有这种心态。把《小团圆》里面的人都对号入座，哪个是胡兰成，哪个是桑弧，哪个是苏青，哪个是柯灵等等，但是，我自己又坚持认为，她写的是小说，我们不能把其中所有的都视作真实的，它不是非虚构，它是小说。我现在不太相信作家的"自传式小说"了，小说家都有虚构癖，这个是他们的职业病，在文字中他们自己表演自己给别人看，添油加醋建构一个"我"，并不自知的。

毕飞宇：我自己写小说，反对别人对号入座，可是，很不幸，我自己看《小团圆》的时候也有那个心态。《小团圆》刚刚出版的时候，关于它的评论格外有趣，我一直在关注。有些读者渴望从《小团圆》里寻找张爱玲人生的蛛丝马迹，马上就有人说，这是小说！是虚构的小说！另一些读者说，这本小说不好，有失水准，马上又有人说，这本书对了解张爱玲这个人很有作用，它有资料价值。一句话，关于这本书，美学价值和史学价值一直在拧，像阿拉伯数字里的8，一直在循环，在绕。

张　莉：张爱玲是受研究者宠爱的作家，总会有人为她的缺憾寻找各种理由。关于张爱玲的研究资料太多了，用浩如烟海来形容一点儿也不为过。

毕飞宇：这就说明了一个问题，张爱玲有非同一般的影响力，撇开她人生的际遇，作为一个小说家，她实在是幸运的、幸福的，她得到了许多作家都得不到的爱。

张　莉：是，她完美诠释了一个作家如何实现"不朽"。但是，《小团圆》里面有些话我很喜欢的。"雨声潺潺，像住在溪边。宁愿天天下雨，以为你是因为下雨不来。"好句子住进人心里。

毕飞宇：对，张爱玲有这能力，她直指人心。许多读者害怕她，有道理的，你没地方躲。她有入木三分的洞穿力，《倾城之恋》几乎就是一个完美的小说。说起直指人心，我觉得男性作家和女性作家还是有区别的，女性更犀利一些。我想对你说一件和小说很不相干的事情，我有一个同班同学，做了刑警，办过无数的案子。他告诉我，如果是用刀子杀人，死者的身上如果有许多刀口，一般是男性干的，死者的身上如果只有一个刀口，那么，几乎就可以断定杀人犯是女性。我问他为什么，他回答说，女性对自己的力量没把握，如果一刀解决不了问题，那就麻烦了，所以，女性要么不下手，如果下手，那是很决绝的，通常都是"一下子"致命，这是一个基因的问题。

张　莉：哎，你这个说法！刑警的话是专业问题，我没办法反驳，但是，我觉得这个说法有些恐怖，我抵触。女性当然有她内在的强大的力量。张爱玲有力量，她的小说有力量。说点儿别的，你知道，现代文学研究有一种方法，就是通过考察一个人和周边朋友交往关系，分析这个人的文学性格啊、文学写作经验的转变啊什么的，自从经历了这个《小团圆》事件，我突然发现，那些"研究"是"纸上谈兵"，研究半天很可能是盲人摸象。

毕飞宇：张爱玲真的是传奇。1949年之后，如果她一直在上海，在上海生老病死，张爱玲的魅力会去掉一半。可是，她在异邦，一个黑寡妇，这就浪漫了，最起码，在认识上，她会激发浪漫主义的好奇。这个世界上哪里有什么浪漫，所谓的浪漫全是艰辛。可是外人不管这个，——我突然想到张艺谋了。

张　莉：怎么扯到张艺谋了？

毕飞宇：瞎聊嘛。前些日子，我们几个人聊起了张艺谋，大家在帮他找问题。我说，作为一个导演，张艺谋没什么问题，许多东西不缺，但是，作为人，张艺谋的身上有一个很大的特点，他对感情不敏感，他不太爱，也不太在意表达爱。这个东西对张艺谋的妨碍相当大。他的骨头是冷的。张爱玲当然不一样，但是，张爱玲的骨头也是冷的。

张　莉：这个说法很新鲜。

毕飞宇：别看陈凯歌那样，陈凯歌对情感很敏感，冯小刚也敏感，姜文其实更敏感，但是，他的审美趣味和他的天性有点拧，他喜欢酷，他爱冷，他不好意思热。哪一天姜文肯了，他会给我们惊喜，那将是另一个开始。娄烨呢？他敏感得几乎不行了。你能想象陈凯歌老泪纵横，你也能想象姜文、娄烨、冯小刚老泪纵横，虽然冯小刚哭起来也许更不好看，但是，如果你是导演，你要选择一张老泪纵横的脸，男主角你会选择张艺谋？女主角你会选择张爱玲？我反正不会，那张脸看上去就不像。他们哭不出来，他们哭出来了我也哭不出来。

张　莉：这个啊，我倒觉得每个人都有他的路、他的命。一个艺术家性格里的冷也好热也好都是与生俱来的，是宿命，他/她想脱逃也不可能，想超越自己、跟自己性子拧着来会得不偿失的。性格决定命运，也决定了他们的创作方向。一位优秀的艺术家，只要能人尽其才就够了。依我看，张爱玲，或者张艺谋，他们能取得他们能取得的成就，大概也是因为他们骨头里是冷的缘故。

6.周作人

张　莉：现代作家中,你有过大量阅读经验的还有谁,周作人吗?

毕飞宇：周作人?——周作人我倒是读过不少时间。只要是从手头经历过的,周作人的每一篇东西我都细读过。

张　莉：但是,我好像没看出他对你有影响。

毕飞宇：影响这个东西很不好说,有些是显性的,有些是隐形的。一个人的一生要读许许多多的作家和作品,如果你一定要从显性的来说,几乎是不可能的。周作人对我还是有些影响的,虽然不像鲁迅那样显著。这个影响已经不再是我读高中的那个时候了,能直接在文字里头看出来，你看不出来。周作人的形象不好，有谁会无端地承认学过周作人呢？坦白地说，我学习过周作人的语言。有一点你要承认，他的语言是没说的。我还向周作人学过篇章，还有语言的节奏，他的节奏派头很好，是那个派头，上海人是怎么说的？腔调。上海人喜欢说"有腔调""没腔调"。周作人就有腔调。

张　莉：腔调，派头？嗯，我喜欢他说话从容。周作人是文章大家。

毕飞宇：绝对的文章大家。他的篇章也很有特点，也就是文章的结构，很迷人的，有时候，他喜欢"跑题"。他的一些小短文经常"跑题"，就跟一个孩子搭积木似的，跑题了，歪了。眼见着这个积木就要倒，最后一块木头上去了，没倒。周作人潇洒，我这是从审美上说的，这是一个气质性的东西。潇洒的人总是不太定，这个你懂的。

张　莉：跑题也是闲笔，从此处荡开去。你以为他跑了，但其实他没有。仔细琢磨，也真的并没有。

毕飞宇：周作人是文章大家。这一对兄弟放在一起真是绝了，绝配。

阅读（二）

1. 欧美文学
2. 俄罗斯文学
3. 现代主义文学

1. 欧美文学

张　莉：接下来讨论关于国外作家的阅读吧。这个话题可能会更加松散，我们还是找一些有意思点儿的。先说一件我印象特别深刻的事，那时我还在南开大学做博士后，有一天正在咖啡馆里赶稿子，邮箱里突然跳进来你的一封 E-mail，没来由的，你说你最近又在读陀思妥耶夫斯基，总觉得那些小说是你写的，"却不是，很痛苦"。还记得吧？

毕飞宇：我记得。

张　莉：那个信读之难忘。

毕飞宇：这个就是贪婪，贪婪会造成很特别的错觉。也不知道别人是怎样的，我读好小说的时候，心态就不健康，总觉得那是自己写的。看完了，一旦翻过来想，不是自己写的，就痛苦。告诉你一件有意思的事，有一年我读完了一篇小说，认准了是我写的，结果呢，是莫言写的，那就是《透明的红萝卜》。

张　莉：那小说是个好东西，像星外来客似的，气质不凡。

毕飞宇：说起西方的文学，我们也别往大处说，其实一开始，我还是希望读到爱情和性。我在很小的时候读过一本中国的小说，《敌后武工队》，人的名字一点都记不得了，故事也记不得了，有一点却是终身难忘的，那就是关于一个叛徒的描写。他将来要叛变的，所以，就要铺垫。故事到了一座桥的下面，他，还有一个女战士，有情况了。这一段看得我呼吸都困难，那时候我还没发育呢，可我一心盼望着他们之间有故事，结果，还没有来得及，他就叛变了。在那个岁月，这只是一个很隐秘的心思，还不敢说。

张　莉：哈哈，年轻人读小说都有那种隐秘的小心思吧，我最初读《红楼梦》时是跳着读的，喜欢看宝黛斗嘴。

毕飞宇：到了我可以读西方文学的时候，一看到前言里有这样的话我就高兴，那就是"要批判地吸收"。这句话几乎就是激励。我一直纳闷，西方小说里那么多的爱情，我们的小说为什么就没有呢？就说描写皇帝，在西方小说里，皇帝是有身份的，比方说，儿子、丈夫、父亲、情人，可是，我们的作品里皇帝就只有皇帝一种身份。年轻的时候没有认识能力，但是，有一个直觉，我们的生活是另一种生活，也可以说，西方的生活是另一种生活。我很渴望那样的生活，这大概是我读西方小说最初的动机。

张　莉：以西方小说为镜吧，是你文学想象的源头。

毕飞宇：应当这样说，我在青春期的前后阅读西方小说是决定性的，为什么这样说呢？和我们这一代所有的人一样，我们都没有中国传统文化的底子，毛泽东有一句话是对的，"无产阶级不占领，资产阶级就一定要占领"，我那时候的知识结构就是这样的，直到高中毕业，你说能学到什么？在"国学"是很可怜的。等我真的具备了阅读能力的时候，"文革"也结束了，相对来说，接受西方就更容易。

张　莉：你想说，西方文学对你的写作影响很大。

毕飞宇：其实我想这样说，西方文学对我最大的影响还是精神上的，这就牵扯到精神上的成长问题，自由、平等、公平、正义、尊严、法的精神、理性、民主、人权、启蒙、公民、人道主义，包括专制、集权、异化，这些概念都是在阅读西方的时候一点一点积累起来的。

在价值观方面,尤其在普世价值的建立方面,那个时候的阅读是决定性的。你在阅读故事、人物、语言,到后来,它在精神上对你一定有影响。

张　莉:比如……?

毕飞宇:比方说杀人,这个词谁不知道呢,可是,如果你读过《九三年》,你对杀人就会有一个完全不一样的理解。朗克纳克,郭文,围绕着这两个人,发生了多少生生死死?人是可以杀人的吗?在宏大的、真理性的理由面前,人是可以杀人的吗?雨果直接面对了这个问题。《九三年》未必是最伟大的作品,但是,它一定来自伟大的心灵。只要你读过了,你一定会思考,不管你多么年轻。还有《悲惨世界》里沙威警长的死,这些东西都会打动你的感情,让你有石破天惊般的震动。阅读就是这样,你在情感上被打动了,有了趋同性,你在理性上就容易受它的影响。

张　莉:我们前面讨论过,好的小说家可以影响一个人的世界观,一个人的精神气质。读《悲惨世界》,我们必须要面对善恶、良知这些问题,不可避免。小说感染着我们必须去面对这些东西。——余华在他的随笔集《温暖和百感交集的旅程》中写道,他是喝着外国文学的奶长大的。

毕飞宇：这个话也许不好听，但是千真万确。不只是余华，不只是我，对于我们这一代作家来说，这差不多是普遍性的。

张　莉：是，而且我也注意到，余华有一段时间也喜欢谈19世纪的作家，好像大家在某个时间段都想回去读陀思妥耶夫斯基。

毕飞宇：这是必然的，19世纪批判现实主义确实产生了一批巨匠。

张　莉：我现在随身带的是《包法利夫人》，李健吾翻译的那本，我喜欢这本书，百看不厌。

毕飞宇：《包法利夫人》是顶级的小说，他的描写几乎就是教材。我们这个茶馆里有一排西方经典小说，装门面用的，有一本就是《包法利夫人》。喝咖啡的时候我时常拿过来，随便翻几页，随时丢下来。时间久了，我发现了一个问题，在《包法利夫人》里头，我几乎找不到败笔。对了，说起描写，人们通常都会说，描写需要准确、生动，其实，那些都只是废话，是表象。描写的本质是什么呢？是选择。就像《包法利夫人》，经常有描写，客厅、庭院什么的，可是你不要忘了，客厅和庭院里的东西多呢？几千样东西都有，你描写什么呢？这个是很考验人的。写过诗的人都知道，有些东西可以"入诗"，有些东西不能"入诗"，小说也是这样的，有些东西可以"入小说"，有些东西就不能"入小说"。王安忆有过一个说法,那是讲迟子建的,王安忆说,迟子建知道哪里"有"小说,哪里"没有"小说。这是一个很高的评价,比"才华横溢"有分量多了。所以,叙述也好,描写也好,都是次要的,要紧的是,面对一大堆的芜杂,你得有"小说的心",有了小说的心,你的眼睛自然会动,哪些地方你是可以"瞄"过去的,哪些地方你不能"瞄",必须"看"。落实到小说里,那就是完全不一样的事情。

张　莉:对,"小说的心",作家选择写什么或者看到什么,都与他的审美能力有关的。一个真正的作家知道哪里有宝藏,而另一些人同样路过,却可能视而不见,因为他没有"小说之心"。我们先回忆你读过的第一本西方书籍吧。

毕飞宇:这个不用回忆,是卢梭的《忏悔录》。

张　莉:那时候你多大?

毕飞宇:十六七岁,读高中。我首先要和你谈谈书的事。我们那个时候很奇怪,你读哪一本书,不是你去买,然后你再读,不是这样。哪一本书会落到你的手上,完全是随机的,像命运的安排,你根本不知道你会遇上哪一本书。是神奇的命运把《忏悔录》送到我的手上的,一开头就吸引了我,哪有这样对待自己的?只读了几句话我就感受到作者的心情了,动荡,愤激,很适合青春期。可我没有想到卢梭会那样对待自己,很吓人的。

我刚才说的是第一点,第二点呢,我要说细节的力量。你知道书里头有卢梭和华伦夫人的不伦之恋,一个细节实在惊人,我到今天都忘不掉。华伦夫人在吃饭,正要吃肉,卢梭说,肉上有毛。华伦夫人就把肉吐出来了,卢梭接过来,放在了嘴里。

张　莉:哎,这细节太肉感啦!

毕飞宇:冲击力大。卢梭有冲击力,是一个乡下人才有的冲击力。

张　莉:蛮力。

毕飞宇:那时候我还不知道什么叫"细节",但是,心惊肉跳,皮肤都是烫的,这些都是理性的感受。年轻时的阅读就是这一点好,许多时候,它不是精神在阅读,也不是灵魂在阅读,它是身体在阅读,是血管在阅读。

张　莉:我得说,关于这个细节,你有男性读者的趣味,至少在那一刻,我读到时却是另外的感觉。

毕飞宇:这个不重要。虽然《忏悔录》是一本非虚构的书,但在刻画人物方面，华伦夫人这个形象无疑很成功。母性，淡定，雍容华贵，淫荡却优雅。她和卢梭可不就是秦可卿和宝玉嘛。

张　莉：那时候除了《忏悔录》还读过别的吗？

毕飞宇：那时候我还读过一本《拜伦传》。

张　莉：你从哪儿找来的？

毕飞宇：不知道，《拜伦传》来到我的手上也是一个谜，反正不是我找来的。以我的能力，也找不到。会找书看是一种能力知道吗，我那个时候哪里能有这样高级的能力。

张　莉：关键那是你上大学之前，也就是"文革"刚结束没几年，这些书也不容易找吧。

毕飞宇：有一点是很重要的，那时候我已经不在村子里了，进城了。如果我在村子里再待上三四年，一切都得另当别论，我1978年就回县城了，十四岁，就我一个人，我们全家都回城还是后来的事情。

张　莉：那段时间你一定很苦闷。

毕飞宇：是啊，苦闷，就遇上《拜伦传》了，那时候我还没有读过拜伦的诗，就知道他是一个英国诗人。一看扉页上的画像，天哪，那么帅，可以说是美，像个姑娘。还是个残疾人。那时候我喜欢看剧烈的东西，那么美，偏偏又残疾，你想吧，一定是剧烈的一个人。说起来很奇怪，这本书读完了，拜伦不再是一个诗人，而是一个革命家兼浪荡公子，家里头到处都是动物，很臭。

张　莉：年轻人都喜欢戏剧性的、非常态的美，有点儿重口味。

毕飞宇：我对拜伦的认识就是—浪荡公子，天才，不安，反抗，不靠谱。严重不靠谱。进了大学，老师给我们讲拜伦，进行美学定位，也进行道德定位，我觉得不太对得上。说到这里我特别想说，一个人在进大学之前最好读一些书，如果一切都是大学课堂灌输的，也有问题。我没有对大学课堂不礼貌的意思，大学课堂的重要性不言而喻。但大学课堂就是大学课堂，它条分缕析，逻辑性很强。我崇尚逻辑，可是你必须承认，面对文学，逻辑有时候不太有用，至少，逻辑的面积是有限的，它无法面对更加宽广的文学世界。如果你在进入大学之前已经有所涉猎，那会有一个反差。我很想回到少年时代，你知道吗？少年阅读其实很有意思，一知半解，一知半解的阅读最有趣了。许多时候靠的完全是直觉。我在高中阶段读《少年维特之烦恼》，很紧张，像看手抄本，有犯罪一般的快感。可是，到了大学，老师那么一讲，时代背景、写作风格、人物分析，一点儿意思都没有。

张　莉：讲解作品当然是无趣的，尤其是那种照本宣科的讲解最可恶。刚才你说年轻时的阅读是身体的阅读，很对。我怀念我中学时代的阅读，那种全身心的阅读。我觉得现在很多人已经不能体会那种阅读小说的美妙情感了，很可惜。

可能我的看法已经过时，我认为小说提供的、诱发的想象力和感受力是大于影像的。电影当然可以使我们看到游泳运动员的优美的泳姿、性感的身材以及跳跃的浪花，但却不能使观众感受到属于游泳本身的某种乐趣，比如水抚摸身体的凉爽，比如水贴近身体每一寸的触觉。但小说是可以的，它可以调动我们的感官，他可以调动我们身体的感觉，使我们不进入水池就有身体的刺激，它唤醒我们身体的奇异感受。这是小说之于其他艺术的优长，可惜现在大学生的阅读热情没那么强烈了，现在有哪个年轻人会主动地沉浸在一本小说里呢，也就体会不到白之黑上无端的快感了。当然他们打开自身的途径跟以前也不一样。——《拜伦传》最打动你的是什么？

毕飞宇：《拜伦传》里最打动我的是雪莱的死，三十六岁还是三十七岁？反正看那一章的时候我很难过，书里头也写到了雪莱，我更喜欢雪莱，理由是什么？雪莱这个名字好，比拜伦这个名字好。当然，这里头还有一个重要的原因，我当时已经把雪莱最著名的那句格言抄在我的小本子上了。那时候我很喜欢格言，还有警句，写作文的时候冷不丁地就给我的语文老师来一句，孩子嘛，对自己没信心，那就拉大旗做虎皮，把名人的名言搬出来，毛时代长大的人都好这一口儿。

张　莉：不对，他应该是不到三十岁就去世了吧？1792年到1822年。年轻人迷雪莱很正常啊，他是浪漫主义代表诗人，且经历不凡，被学校开除，狂热恋爱，最后落水去世，那种戏剧性人生很有感染力，并且还写过那么有感召力的诗句。——说说你进大学之前那些最有价值的阅读吧。

毕飞宇：最有价值的阅读，应该是《约翰·克利斯朵夫》了。

张　莉：《约翰·克利斯朵夫》一度在中国非常流行，我上学时大家也都还传着读。

毕飞宇：读这本书我是非常清晰的，是1981年的冬天，十七岁，那时候压抑啊，考不上大学。不少同班同学都到远方去读大学了，可是我呢，考不上。未来能不能考上呢？没把握，不自信。这个时候我已经非常爱文学了，爱文学是很费时间的，但是，自己也知道，不考上大学这一辈子就废了，所以，考上大学是第一重要的事情，那是一段很黑暗的日子，一天到晚在幻想，什么样的幻想都有。

十七岁啊，对我们这一代人来说，那是多么不堪的日子。

张　莉：你说过，你从那时候开始热爱健身。

毕飞宇：那时候我有坚韧不拔的意志力，其实是自我摧残。也不知道从哪里弄来了一副哑铃，每天晚上临睡之前都要健身，其实，营养根本跟不上。大冬天的，健完身，到河边打开冰面，用冰冷的河水在身上擦，火烧火燎的。我们这一代人早年受过革命英雄主义教育，血管里头有一股蛮横的勇气。

我就是在这个节骨眼上得到《约翰·克利斯朵夫》的，它太励志了，你可以想象我是多么的喜爱它。在用冰水擦身的时候，不是不怕，很怕，多冷啊。可是，心里头有克利斯朵夫，他在看着我，勇气就来了。你看，我也进步了，不是用黄继光来励志，而是用克利斯朵夫来励志了。

张　莉：哎，你说的这个场景，冰水擦身，以约翰·克利斯朵夫励志，太让人感叹了。

毕飞宇：可是这本书也闹心，那就是克利斯朵夫接连不断的爱情，他是个光棍，一辈子没有结婚，可是，小爱情是不断的，阿达、萨皮娜、安多纳德、雅葛丽娜，一个接一个。我想说罗曼·罗兰是描写"小爱情"的圣手，就是少年的那些爱情，他真是写得好。还有一个也闹心，那就是罗曼·罗兰也喜欢警句，动不动就来一下，我就一边看，一边抄，就是这样的句子："许多不幸的天才缺乏表现力，把他们沉思默想得来的思想都带进了坟墓。""批评家是风向标，他们却以为自己操纵了风向。"到处都是类似的句子，闪闪的，我就抄，满满的一本。十七岁的年轻人哪有不爱这些的？很爱。我每天都是控制着看的，不许自己多看。这本书看完的时候我相当痛苦，克利斯朵夫他走了。四十岁之后，为了回顾我的青春，我把这本书再读了一遍，很遗憾，我老了，再也读不到当年的激动了，怅然得很。

张　莉：我觉得《约翰·克利斯朵夫》不能算特别重要的经典，当然励志是一定的。你刚才一口气说出那些句子，记忆力真好。

毕飞宇：这个当然。2011年，我写过一个短篇，《一九七五年的春节》，在这个短篇里我写了一个神秘的女人，因为吸烟，她的身上着火了，她就慢悠悠地拍，一巴掌一巴掌。这个动态的描写也就十来个字，这就是从罗曼·罗兰那里读来的，应该在第四册里头，可以查得到。那时候克利斯朵夫正在瑞士的一对老夫妇家里避难，那个老夫人很木，动作迟缓，她的身上着火了，她不急，在那儿掸，掸灰尘一样。

张　莉：真是小说家的脑子，那个细节我也读到过的，但我没有这么琢磨。

毕飞宇：放在今天来看，罗曼·罗兰显然并不是那种顶级的作家，我只是说，在我读大学之前，他给了我十分不一样的文学记忆，我做了许多的笔记，流了许多的泪。我相信当年有许多文学青年都有相同的记忆。

张　莉：你读的这些东西在你后来的创作里面一定会有所体现。

毕飞宇：是的，没有阅读哪里有写作呢，写作是阅读的儿子。我在写作的时候时常遇到这样的场景：这个别人已经写过了，那我就换一个说法。

张　莉：你的记忆力令人吃惊，可以记到那种细微处。

毕飞宇：哪里，每个人的记忆都有自己的强区和弱区，对了，想起来了，有一件事我不能不说，那就是《悲惨世界》。这件事有点独特了，是1979年还是1980年？反正是那么一个时候，有一天我突然发现，许多人的胳肢窝里都夹着一本书，是同一本书，叫《悲惨世界》，你要知道，那可是"文革"后的一个小县城哪，那么多的人在读《悲惨世界》，就好像党中央发了通知一样，这让我特别奇怪。后来我注意到，在当时的报纸和杂志上，谈论这本书的文章也特别多。我就找来看了，我看得飞快，应当说，我当时还没有阅读这本书的能力，到了大学阶段，基本上就可以理解了，说到底，这就是一个好人与坏人的故事。"文革"是什么？是每个人都有可能成为坏人，我们不是只有原罪——历史反革命，还可能有现罪——现行反革命。《悲惨世界》反过来了，它是把坏人当作好人来看的，你偷，我就把赃物当作礼物送给你。宽容维护了体面，宽容维护了自由，尽管《悲惨世界》远不是宽容这样简单，但是，就是这样的宽容，对当时的中国人来说，简直就是久旱逢甘霖，它得到中国人的喜爱是必然的。

张　莉：《悲惨世界》今年重新翻拍了，特别棒，太棒了。

毕飞宇：我知道，我在伦敦的时候大街上到处都是广告，可惜没有看。

张　莉：好看，真的好看，我在电影院里看的，有一刻热泪盈眶，很久没有这样的观影体会。你刚才分析《悲惨世界》在"文革"之后的流行原因，说到宽容二字，有说服力，这可能就是它容易被接受的原因之一。

毕飞宇：李敬泽说过一句话，狄更斯是背负着上帝写作的，我觉得雨果也是这样的，他一直在强调"绝对正确的人道主义"，这句话从我读到的第一天起就在我的心里了，一直到今天。这是一种普世的情怀，不该有种族之分，不该有时代之分，更不该有制度之分。我不懂什么主义，无党无派，可是我想说，无论我们在主义这个问题上有什么分歧，有什么对峙，我们都要在"人道主义"这个主义底下达成共识，"人道主义"也不像别的什么主义那样艰深，它可以用一句大白话来表述：拿人当人。

张　莉：中国新文学就是"人的文学"，它的优秀传统就是人道主义。我认为这是中国现代文学的最宝贵财富，为什么说当时的新文化运动伟大，就在于此。一个现代作家，一个现代的优秀作家，首先必须是一个人道主义者。而衡量一个社会是否现代，是否进步和文明的标志，一定是这个社会是否"把人当人"。——后来你读了中文系，阅读不一样了。

毕飞宇：刚刚进中文系的时候非常高兴，再也不用偷着看小说了。事情就是这样怪，大学时代读小说远远不如中学时代那样幸福，为什么呢？读小说成了家庭作业了。有些小说你其实不想看，但是，你必须看，必须看有时候是痛苦的。

张　莉：读中文的同学都会有同感的。哪个作家使你痛苦？

毕飞宇：我是从左拉那里感受到痛苦的。当然，话还得反过来说，如果不是读中文系，我想我永远也不会去读左拉。左拉的小说太难看了。为什么一定要看呢？老师有交代，并不是每一个作家都要读，但是，某一个"主义"的代表作家必须读。左拉是"自然主义"的代表作家嘛，那是必然要读的。

张　莉：难看，但有代表性，必须得读。

毕飞宇：我在一篇文章里说过一句话："小说的历史，说到底就是寻找真实的历史。"到底什么是小说里的真实？到底怎样才能抵达真实，我们的小说家真是煞费了苦心。你看哈，模仿、再现、表现、"是这样""应这样"、客观描写、主观感受、典型，说来说去，都是企图逼近真实。左拉就来了一个自然主义，事无巨细，一点一点往下写，他简直就是一头犟驴，《农民》和《萌芽》真是难看死了，也不好记，看了就忘。老实说，左拉的小说我就记得一个小段，是《萌芽》里的，——把男人的器官割下来了，挑在竹竿上去游行。我真是硬着头皮读完的。他把小说弄得如此难看，就为了真实。我得说，这样的努力很宝贵，可敬，不可爱。

张　莉：小说只是寻找真实，但不一定真的能寻找到。现实浩大，它们只是写作小说的材料，小说的意义在于通过获取、剪裁以及表现来达到现实本身没有能力呈现出来的意义。是否真的抵达真实对于小说哪有那么重要？小说有它的伦理和逻辑，它需要作家具备的是虚构能力，那种让我们相信书中这一切真的发生过的能力。小说肯定不能是对真实的图解，它一定是有变形的。不过，有意思的是，这个左拉不认账，不认这个，他执拗地想着"自然主义"，有如在空中建造楼阁。

毕飞宇：在左拉的身上我们可以得出一个结论，文学不是一个容易的事情。他认定了"自然主义"可以抵达真实，他就那么做了。将心比心，他那样写的时候我估计也没多大的乐趣，很枯燥，很辛苦，他还是这么做。从这个角度出发，我反而觉得左拉了不起，这是一个有理想的人、一个敢于实践的人。从这个意义上说，《萌芽》和《农民》很有意义，它提供了一个完整的实验文本。它们再难读，大学老师们还是会建议同学们去读。

张　莉：他是先行者，知其不可为而为之。但也有小说家有另外的了不起的尝试，比如福楼拜。

毕飞宇：福楼拜的小说很高贵，对，高贵。我说的是他小说的气质。小说是有气质的，人们都在说作家的才华，什么思想、什么想象力、什么情感，一大堆。在我看来，小说家最大的才华是这个——你赋予小说怎样的气质。这个有点儿空洞，但是，如果你写，或者说，你有一定的阅读量，你也许觉得我说的不是空洞的东西，是很现实的。气质好的小说实在是难得。就说福楼拜，在福楼拜面前谈论主义多少有点儿无聊，什么批判现实主义、浪漫主义、自然主义，这些都很无聊，我读《包法利夫人》几乎就想不起什么主义来，我觉得小说就该是《包法利夫人》这种样子，小说就该这么写。无论什么主义，无论什么思潮，小说这样写都是好的。

张　莉：现在也有话剧导演把爱玛的故事放在中国背景下演出，有趣，一点儿也不隔。《包法利夫人》不放在任何时代背景、任何主义之下，依然是好小说。

毕飞宇：还有性别，不少人和我开玩笑，说我是女作家，其实，福楼拜才是真正的女作家。我说这个是什么意思？我是说，最好的小说不该呈现出性别。小说是有性征的，雄性特征或雌性特征，过分强烈的性征会伤害小说。海明威是那么好的作家，但是，在小说里，他有雄性方面的虚荣，他始终想在文字里头证明自己的雄性，这个伤害了他。我可没有瞎说，你看看《老人与海》，多么棒的一部小说，太棒了。可是，有一个糟糕的结尾，桑迪亚哥筋疲力尽，趴在床上，掌心朝上，手烂了，疼嘛，所以掌心不能朝下，他睡着了。小说如果在这里结尾，简直就完美。可是，海明威不甘心哪，他雄性大发，加了一句话，说，桑迪亚哥梦见了草原上的狮子。我真想抽他！当然了，我打不过他。桑迪亚哥从海上回来，耗尽了最后一丝力气，和死了也差不多，哪里还有力气做梦？这是第一。第二，他在海上都和鲨鱼交过手了，那是多大的场景、多强的对手，你还草原，你还梦见狮子,太小儿科了。这个结尾全是虚荣心害的。

张　莉:哈哈,没有这些,哪能叫海明威呢!

毕飞宇:《包法利夫人》没有性征方面的负担,刻意去强调雄性,或刻意去强调雌性,在包法利那里偏于雄性,到了爱玛那里又偏于雌性,有雌雄同体的意思。该细腻的地方细腻,很琐碎的,宏观上,大局观又控制得那么好。一个年轻人问我怎样写小说,我说:"去读《包法利夫人》,什么时候你觉得它写得好了,你就会写小说了。你能写多好我不知道,但是,至少不会烂。"我没有开玩笑,我说的是真心话。福楼拜的细腻是很高级的。

张　莉:这个甚合我意,好的小说家应该是双性同体,曹雪芹就是一个例子。

毕飞宇:在福楼拜面前,我就觉得左拉是个死心眼,专门做吃力不讨好的事情。他们的天赋的确有区别的。在场面描写方面,左拉花两万字通常不如福楼拜的两百字,《包法利夫人》给我一个印象,无论是一只皮鞋还是一件毛衣,无论是一个装帧还是一棵植物,能被福楼拜描写,那是它们的福分,妥当,你知道吗?很妥当。

张　莉:福楼拜的小说具体,同时又可以建构一个整体。

毕飞宇：是这个意思。如果我们庸俗一点儿，生造一个说法，那就是文学经济学吧，《包法利夫人》是性价比极高的小说，小说里头几乎看不到无效劳动。我在一本书里头读到过，说福楼拜修改小说很用心，这个是一定的，看得出来的，一定有大量的删除和修改，要不然达不到那样的精度。还有一本书里头说，巴尔扎克对篇章和语言也很认真，如何删除，如何修改，他自己也这么说，可我不认可，作品在那儿呢。巴尔扎克还是粗疏，许多地方过于简陋了，太不讲究。——举一个简单的例子，你看《驴皮记》，无论它多好，有一点就说不过去，主人公说话了，一口气说了一本书一大半的篇幅，这在结构上多难看。也许他有他的想法，反正我有异议。我丝毫也不敢诋毁巴尔扎克，但是，在福楼拜的面前，他草率，我不管文学史怎么说，我只认文本，靠事实说话。

张　莉：福楼拜冷静、客观，你在他那里看不到一丝一毫低级的感伤，他的眼睛是"火眼金睛"，所有的一切在他那里都可以现出原形，他能在更深层次上认识人和人性。有时候我想，这样的小说家真的是伟大啊！比如，世界上原本没有"阿Q"，鲁迅在文字的虚空里将他创造了出来，于是，这个人就停留在我们的大脑里了，甚至成为我们民族记忆的一部分，与我们的日常生活如影随形。还比如，一位家庭主妇出轨的新闻激发了那位叫福楼拜的小说家的强大想象力，他便为这位虚构的爱玛身体注入心灵、骨骼以及血肉，他还原了她的所有生命和爱欲,不仅仅使她生长在彼时的法国,也使她生长在不同时代、不同国度、不同肤色、不同面容的女人身体内部,生生不息。这种创作力真迷人。——福楼拜和《包法利夫人》对你创作有影响吗?

毕飞宇:有影响,这个影响很难说是哪一部作品,是心态上的东西。《包法利夫人》不只是才华,还有才华后面的心态,福楼拜写作的心态非常好,这是死无对证的东西,你可以读出来,李敬泽喜欢用一个词,叫静水流深。

张 莉:他不只靠才华,也靠训练,他有自我规整,自我要求严苛。对了,你好像不太感冒奥斯汀似的。

毕飞宇:没有哇,没有。是这样的,我不理解奥斯汀为什么会火成那样,也不了解她在英语世界为什么会有那么高的地位,这个我真的不理解。有一次上海图书馆给了我一个任务,给上海的文学爱好者讲《傲慢与偏见》,我花了很大的力气去研读,还是不理解。

张 莉:奥斯汀把握日常生活的能力令人赞叹,她能写出日常生活的深刻性。对人的理解有普世性,她笔下的那些女人心思,恨嫁心切,有跨越岁月的魅力,栩栩如生。

毕飞宇：但是我现在有点儿理解了，这个有点儿理解发生在美国。那一年我在美国逛书店，其实很虚荣，想找我自己的书，结果也没有找到，却遇上了英译本的《红楼梦》。封面很怪，是我们印象里马克·吐温的那个风格，很古典的。书已经很脏了，很破，一看就知道是那种放了很久却无人问津的书。当时我就想了，西方人读《红楼梦》？那不是开玩笑吗，那么多的诗词曲赋就可以弄死你。我一直说，《红楼梦》是绝版，它只属于汉语的世界。许多西方人说他喜欢《红楼梦》，别听他们的，那是"国际交流"，绝大部分是客套。在西方，我们也谈起《红楼梦》，如果一个人说，我看不下去，我会尊敬他，丝毫也不会瞧不起他，如果他摇头晃脑，哇唔，太棒了，我差不多就可以认定他是一个老滑头。

张　莉：想起个段子，一个外国年轻人读《红楼梦》，他百思不得其解的问题是，林黛玉和贾宝玉为什么不私奔？这就是不懂，这就是文化的隔膜。你接着说奥斯汀吧。

毕飞宇：也巧了，没多久，我去伦敦，飞机上正在播电视剧，那就是《傲慢与偏见》，我身边是一个英国老太太，我就指着屏幕问她，你喜欢这本书吗？老太太又吃惊又自豪，那个表情是说，你怎么能这么问呢？我怎么能不喜欢这个呢？不喜欢我多没文化。接下来，我就问为什么，她说了一大嘟噜，我根本听不懂，但是，有两个单词我听得懂，是我的常用词，一个是 taste，一个是 humor。

这个 taste 我是可以理解的，它伴随着母语，一翻译这个 taste 就丧失了，这个我理解。我无法理解的就是这个 humor 知道吗？我读《傲慢与偏见》的时候一点儿也没有感受到它的 humor，一点儿都没有，你有吗？

张　莉：奥斯汀小说里的幽默我有的能体会，有的也不能。我也不相信外国人能读懂《红楼梦》，极少数汉学家大概可以。

毕飞宇：《傲慢与偏见》其实就是一个恋爱的故事，如果用更加世俗一点儿的语气，就是小户人家嫁女儿的故事，我们今天看到的韩剧走的就是这个路子，很受欢迎。但是，我们不该忘记《傲慢与偏见》内部的两样东西：一、道德，二、因果律。这是康德始终感兴趣的一个话题。如果我们把这两者混合起来，《傲慢与偏见》写的其实就是这个：道德因果律。这是全人类都喜爱的一个话题，比"三言二拍"也高级不到哪里去。问题出在哪里呢？这是一部用现代英语，也就是世界语写成的作品，这一点是很关键的。品行好，嫁得好，品行不好，嫁得不好，这样的作品父母最爱，可以让自己的女儿好好学习嘛。但是你也不能说《傲慢与偏见》这样的作品没有意义，很有意义，从神到上帝，从上帝到英雄，从英雄到传说，琐碎的、日常的普通人终于可以成为小说的主人公了，每个人都可以从小说里看到自己。我也许还要补充一下，西方小说里的道德因果律和中国明清小说里的道德因果律表面上是一样的，骨子里很不一样，西方的因果是逻辑上的，属于理性主义的范畴，中国的因果和逻辑无关，和理性主义更无关，相反，是非理性的，它和佛教里头的轮回有关。这个区分是极其重要的。传统意义上的中国文学一般都不怎么涉及理性。

张　莉：这个补充很关键。我们的文化从根子上走的就不是理性主义的路子。

毕飞宇：回到文化交流吧，我不太相信文化交流这个东西，一点儿都不相信。都是各自的历史所形成的东西，那么漫长，除非你把对方的历史从头来过。但文化交流又是重要的，为什么重要？我指的是态度，要亲善，不要对抗，这个对大家都好。文化在本质上是隔膜的，无法穿透。不要悲观，世界就是这么一个东西，好玩就好玩在这里，可爱就可爱在这里。我们可以用来交流的文化都是浅表的，到了一定的深度，他是他，我是我，你是你。能坐在一起喝杯咖啡就很不错了，别指望走进人家的内心，那个不好，没必要。

张　莉：本质意义上就是隔膜，不过，少数文学作品在某个特定层面也是可以达到一种沟通的，比如虽然我们不能完全读懂莎士比亚，但哈姆雷特，或者罗密欧与朱丽叶的痛苦我们也能体会。

毕飞宇：乐观一点儿说，文化有它的中间地带，在这个中间地带，我们可以相互了解，到了两侧，到了顶端，那些带有本质属性的部分，我反正不乐观。

张　莉：中间地带的说法我同意。可是，你说，有没有这样的情况，一个作家，在自己文化的内部不容易得到认可，换了一个文化环境，却又成功了？

毕飞宇：你的这个说法有意思，这样的例子也有，虽然不是常态，但是有。当年的莎士比亚就是一个最好的例子，这个大家都知道了。诺特博姆，写《仪式》的那个，前年我们在上海还有过一次对话。今年5月，我在莱顿大学，没事的时候和那里的汉学家聊天，聊起诺特博姆了。荷兰的汉学家告诉我，诺特博姆很有意思，他在荷兰一直默默无闻，批评家和读者也不待见他，后来，他在德国突然红了，荷兰人一想，他在德国都这样了，我们也不能亏待他，荷兰读者这才接受了他。

张　莉：这就是我们说的出口转内销吧。

毕飞宇：施林格在德国就是这样，他在中国很有影响力，可是，德国文学似乎不认他，把他看得很低。图尔尼埃在法国几乎也是这样。

张　莉：施林格我读过，没读过图尔尼埃。

毕飞宇：他的代表作是《杞木王》，许钧在90年代翻译过来的，我特别喜欢的一个作家。

张　莉：是吗？

毕飞宇：真的很好，许多法国人都不知道他，很可惜。我专门问过勒·克来齐奥，勒·克来齐奥倒是给了他很好的评价。一个好作家在自己的国家得不到认可是可能的，有些被高估，有些被低估，各行各业都有这样的情况。

张　莉：印象中你有过关于《红字》的文章，或者分析过。

毕飞宇：应该没有，也许就是提了一下，我没有专门写过东西。我读《红字》是很功利的，我记不清在哪里读过一篇文章，说的是《红字》和象征主义的关系。我是为了寻找这个关系才读《红字》的，很阴森。我没有找到它和象征主义的关系，也许能力还不够，我看到的依然是批判现实主义的那一路，道德、信仰、欲望、贞操、罪和罚，这一路的小说都很阴森。这个小说给我的记忆一点儿也不是象征主义，而是人物塑造，还有基本性的结构，白兰、丁梅斯代尔、齐灵窝斯。这样的三角关系是可以构成许多小说的，主题不一样，目的不一样，但是，基本的小说结构是一样的，《巴黎圣母院》有这样的三角结构，埃斯美拉达、菲比斯、克罗洛教主，中间还夹着一个卡西莫多，《德伯家的苔丝》也有这样的三角结构，苔丝、德伯维尔、安琪儿，——对了，我写过《德伯家的苔丝》，那是2008年，你也许弄混了，这一路作品的确很容易混的。一女两男的结构是最通常的，《包法利夫人》也一样。所以福楼拜说过一句特别著名的话："文学就是通奸。"

张　莉：文学就是要面对欲望和恶，还有文化的演变。

毕飞宇：说起恶，我特别想和你说《蝇王》，这个作品让我受了一点儿刺激。好小说的特征在哪里呢？在恶。老实说，别看我是一个写小说的，其实我很早就开始怀疑文学了，文学的意义究竟在哪里？文学到底放大了人类的善，还是放大了人类的恶。这个挺纠结的。我读《蝇王》的时候已经参加工作了，有一把年纪了，让我吃惊的不是人性之恶，而是《蝇王》的对象，那是一群孩子。理智上，你可以接受，情感上，你又很难接受。其实我自己就面对过这个问题，《平原》里头一个孩子被淹死了，我要面对这个问题。《蝇王》所面对的其实是一个常态性的东西，权力、派系、争斗，在这个过程里，人性所有的负面都出来了。我在十多年前就开始反思这个问题，你也许注意到了，我在《羊城晚报》写过一篇短文，我承认了一件事，作家是不洁的。这是我很真实的一个感受。我怎么想起来说这个的呢，主要是《玉米》红了，很多很多的大学生和我讨论恶的问题。

张　莉：如何理解和书写人性恶是个很严肃的问题。十多年前王朔写过铁凝的印象记，里面有句话，大意是说，创作应该是对人性发现而非对人性的肯定，大概也因此，他看重《玫瑰门》和《对面》。我对这个"人性发现"的说法深以为然。作家不能看到人性之恶而视而不见。我们不能要求所有作家都写恶，但是，作家应该做到你看到哪一步就得写到哪一步。如果看到人性之恶而故意闪避，故意去涂脂抹粉，那是违背良心，有悖职业道德。

毕飞宇：《玉米》和《平原》之后，我很怀疑自己的工作，所以我才写了那篇文章。人性是恶的，好，你可以这么认为，我也这么认为。小说家所做的工作是什么呢？是盯着人性恶这个矿井不停地开采。这有没有必要？我不知道。有没有必要开采得那么深？当我意识到作家不洁的时候，我很难过。可是，又必须写下去，对吧？

张　莉：作家就是要向人性的更深处探寻，以带领我们更深入理解和认知这个世界。一位大作家，面对人性的深渊首先应该是不回避，福楼拜写包法利夫人，鲁迅写阿Q，托尔斯泰写安娜，他们写的是善和温暖？他们写的是人性，写的是人性的善与恶的交集处和混沌处，他们写的是我们凡人所不能抵达之地。我以为，伟大作家首先要有个强大的、有承受力的心脏，他必得是"临渊的勇者"。

作家必须对自己的内心诚实。

毕飞宇：作家最为困惑的问题也许就是一个诚实的问题，这里头存在着一个社会伦理和小说伦理的悖论。老实说，我的脑子里一直有两句话，第一句，好的作家是不能撒谎的，第二句，好的作家是必须撒谎的。我觉得这个问题我有点儿说不清楚了，有些乱，我说不好了，我们休息。

张　莉：接下来我们讲讲谁呢，莎士比亚吧？

毕飞宇：我最早读莎士比亚是《十四行诗》，我渴望通过他的诗句去找到那个"深色皮肤的女人"，结果没找到，这是我对诗歌特别绝望的地方，诗歌永远在诗人自己这个地方绕过来绕过去的，我渴望的却是对象，这是我写不好诗的重要原因。

我知道莎士比亚这个名字很早，还是孩子的时候，听我的父亲说过。我喜欢这个名字，很好听，听上去很像外国人。后来，等我看到"莎士比亚"这四个字的时候，特别亲近，就是没有距离。这是没有道理的。

张　莉：这个就叫熏陶吧，耳濡目染。

毕飞宇：在古今中外的文学史上，莎士比亚也许是最为特殊的一位作家，我估计，即使你不是一个文学爱好者，你也会读他。这个人厉害，他就是一个凡人，可他对生活的理解非同一般，他对人性的理解更是非同一般，别看他写了那么多的宫廷、国王、历史，那是一个假象，他写的都是普通人的基本面，《哈姆雷特》写的哪里是什么王子，就是人性最基础的东西，复仇和爱情，你要哪一个？莎士比亚告诉我们，复仇的力量大于爱，奥菲丽亚，那个是可以装疯放弃的，人类的历史可不就是这样的嘛。是什么推动了人类的历史？仇恨还是爱？是仇恨，是战争。这是很不幸的。莎士比亚是一个对爱极度敏感的人，可他很悲观。他的悲观是对的，爱这个东西很脆弱，《罗密欧与朱丽叶》告诉我们一件事，爱很容易被外部的力量击碎，社会和伦理都可以击碎，《奥赛罗》则告诉我们另外的一件事，爱很容易被内部的力量击碎，那就是嫉妒和不信任。在爱面前，是外部的破坏力更大还是内部的破坏力更大？这个我们不知道，用哈姆雷特的话来说，这是一个问题。可是，我今天不打算唱《莎士比亚之歌》，我想和你谈点儿别的。

张　莉：好哇。

毕飞宇：我特别想谈谈一个作家的局限。

张　莉：你的意思是说，想谈谈莎士比亚的局限？

毕飞宇：没有一个作家没有局限，某种时候，我甚至想说，是局限成就了一个作家。

张　莉：那你告诉我，他的局限到底在哪里？

毕飞宇：今年3月，威尼斯博物馆联盟邀请我去威尼斯做客，我每天在威尼斯看博物馆。有一天，给我做翻译的小朋友向我发出了邀请，他们家没去过中国人，让我去坐坐。我就去了。结果呢，他们家坐落在犹太人区，很破。要知道，在历史上，犹太人区是封闭的，到了晚上，他们不得离开自己的区域，身上也有明显的犹太人标记。

你还记得《威尼斯商人》吧，那个高利贷商人夏洛克，他的家也许就住在这里。面对夏洛克这个异教徒，莎士比亚的仇恨是毁灭性的，他把一个作家所能体现出来的仇恨全部倒在了夏洛克的头上。在今天，我不会去指责莎士比亚，我想没有人会去指责莎士比亚，但是，回过头来再去看《威尼斯商人》，你会觉得那种仇恨非常突兀、简单、残暴，很畸形。这就是历史的局限，历史的局限势必落实在作家的身上。

你一定记得莎士比亚说过这样的一句话，是赞美人类的，"宇宙的精华，万物的灵长"，这句话差不多成了文艺复兴赞美人类最著名的一句话了，全世界都知道这句话。可是，我想提醒你一下，这个"人类"只包括基督徒，非基督徒不在这个"人类"的范畴之内，异教徒也许就不算人。我说这些的时候不是给莎士比亚减分，相反，我只是想强调，历史是有局限的，我们不能简单地把这些局限都算到作家个人的头上。

张　莉：这样的局限不只是在莎士比亚那里。刚才我们说的奥斯汀，在她《曼斯菲尔德庄园》里，就有关于英国殖民地安蒂瓜的叙述，萨义德在《文化与帝国主义》里把这部小说"当作一个正在扩张的帝国主义冒险的结构的一部分"进行阅读，他发现小说"稳步地开拓了一片帝国主义文化的广阔天地"。这使人意识到潜藏在语言背后的奥斯汀的眼光——其中含有对殖民地从属地的一些惊人的总体立场。萨义德的这些分析很有道理，但小说家不是圣人，她当然有她的历史局限，不过，她之所以伟大，也是因为她的小说记录了历史，但却没有重复历史，小说中，奥斯汀面对世界和历史时还是有她的复杂性的。

2．俄罗斯文学

张　莉：你获得"亚洲文学奖"的时候，评委会的主席大卫说，你是中国的契诃夫，谈谈契诃夫吧。

毕飞宇：这个真是过奖了，不敢，大卫这么说也许是针对一个作家对待社会的态度而言的，比方说，讽刺，再比方说，关于奴性心理的刻画，这些当然有类似的地方，另一个呢，就是幽默了。说起幽默，这对我来说简直就有点儿像笑话，我从不觉得我是一个幽默的人，我也不觉得我是一个幽默的作家，但是，好玩就好玩在这里，许多不同国家的书评人和记者都把幽默这个伟大的帽子往我的头上扣，我认真地辩解过，说自己不幽默，结果大家就笑，这一笑我就不知道怎么才好了，我的幽默已经成了一件很幽默的事了。契诃夫是幽默的，他就是在幽默杂志上起家的，不幽默也幽默了。幽默就离不开夸张，契诃夫很夸张，可我不夸张，所以，我个人认为，我的小说风格和契诃夫相差比较大，中国作家里头和契诃夫最像的还是鲁迅，《阿Q正传》《风波》都是那个路子上的精品，你可以看到《小公务员之死》和《套中人》的影子。在这里我也许还要区分一下鲁迅的幽默和一些英国作家幽默的区别，英国作家的幽默里头有一种恬淡、优雅，鲁迅的幽默却来自愤激，恩格斯说，愤怒出诗人，其实，愤怒到了一定的地步，也会产生幽默，这里的心理机制是有区别的。

俄罗斯作家的幽默其实是有传统的，英国式的幽默有它优雅和高贵的一面，俄罗斯的幽默却是草根的，粗鲁，也许还蛮横。和英国作家不同，俄罗斯的贵族作家很少有幽默的特征，但是，出身寒门的作家往往流露出一种粗鲁的幽默，契诃夫来自小商人的家庭，果戈理直接就是一个乡下人，马克·吐温虽然是美国人，但是，这个美国的乡巴佬和果戈理一样，支撑他的不是知识分子的智慧，而是我们乡下人的民间智慧。马克·吐温说："戒烟太容易了，我都戒了一百回了"，这哪里优雅？是粗人的智慧。在这一点上鲁迅真的和他们挺像的，鲁迅虽然是一个大知识分子，但是，他有很强的民间性，一点儿也不缺乏民间智慧，他在幽默的时候体现出来的反而是他的草根性。鲁迅很刁蛮，这是鲁迅可爱的地方之一，虽然鲁迅不能算一个可爱的作家。

张　莉：莫言也有这样的特征啊，幽默中体现出民间性和草根性，那种强大的民间性，很智慧，很可爱！

毕飞宇：对，莫言也有，莫言可爱。

张　莉：嗨，刚刚进入俄罗斯文学，我们怎么讨论起幽默来了？

毕飞宇：谢谢张老师。契诃夫，俄罗斯文学。说起俄罗斯作家，我的脑子里突然就想起列宁，我在一本书里头看到过，记不清是谁写的了，有一次，列宁和他谈起托尔斯泰，列宁问了一个问题，除了俄罗斯，世界上还有托尔斯泰这样的作家吗？作者写道：列宁眯起了眼睛，自己回答说，没有了。我很喜欢这句话："列宁眯起了眼睛，自己回答说，没有了。"这个扯远了。对俄罗斯的作家群，契诃夫、屠格涅夫、托尔斯泰，我对他们始终有一个感觉，这群男人都是女的，这句话不准确，准确地说，他们都是母亲。他们的感情方式是母亲式的，他们的作品里有母爱。这是俄罗斯文学最大的特点。

张　莉：伍尔夫有个评价，她觉得俄罗斯作家的共同特点是"朴素和人性"，他们不是用头脑去同情，"因为用头脑是容易的，要用心灵去同情"，说得挺准的。

毕飞宇：有人说，俄罗斯是东正教，他们崇拜圣母，所以，作品中女性的形象特别多，在我看来，这是不准确的，准确地说，这不是一个女性形象多的问题，而是作家的情感方式问题。每个作家都有自己的情感方式，有些是兄弟式的，有些是姐妹式的，有些是朋友式的，有些是情人式的，有些是父亲式的，俄罗斯作家的情感方式是母亲式的、一股脑儿的。俄罗斯的文学有一种与生俱来的博大，这个和它的情感方式有关，俄罗斯的文学里有一种很絮叨的气质，我说的不是啰唆，是絮叨，千叮咛万嘱咐的样子。

张　莉：像母亲一样地千叮咛万嘱咐。

毕飞宇：我写过一篇文章，谈到了契诃夫，我说的是《万卡》，我说，这个短篇提升了我对短篇小说的认识。我给你讲一个故事，很多年前，我和《小说选刊》的崔艾真通电话，她要给我邮寄东西，我就给她地址，崔艾真和我开玩笑，说，不要地址了，你是名人，写"乡下爷爷收"就可以了。就是这句话，我一个人在那里站了好半天。这句话我在少年时代就知道了，谁不知道呢，可是，几十年过去了，这句话情感的力量还在，不是还在，是随着年岁的增长，它的力量体现出来了。为什么？我做了父亲了。我体会到了万卡的心境，一个孩子饱含着希望，但是，所有的大人都知道，那是没有希望的，这个太叫人心疼了。写出"乡下爷爷收"的这个作家一定是俄罗斯的，这个和才华无关，和情感的方式有关。我有一种直觉，契诃夫写"乡下爷爷收"的时候是想搞幽默的，一个小傻瓜，他居然这样无知，写"乡下爷爷收"，可是，契诃夫一出手，却成了这样的一个结果。俄罗斯的文学就是一个爱孩子的母亲，同时也是无能为力的母亲。它有极大的情感力度。在我的眼里，俄罗斯文学对世界文学最大的贡献就在这里，母性的情感方式。俄罗斯的文学始终有一种包容性和绵延性，原因就在这里。

张　莉：前面我们谈到了"文学之心"，事实上我觉得契诃夫在这个问题上是典范。他真是知道哪里有小说、哪里有文学的小说家。我们读他小说的时候，常常会冒出疑问："这是小说吗？"答案是肯定的，这就是小说。不说他的《小公务员之死》，就说那个大学生与邮差的故事吧，小说让人迷惑，他到底写的是什么呢，可是，读完后很久我们都不能忘记那个场景，两个人对话的场景，他对人与人心灵碰撞出的那种火花的精微刻画让人叹服。契诃夫有非同一般的触觉和文学发现能力。他写的是与我们通常理解的小说含义相悖的文本，但是，读完之后你会觉得，其实他写了心灵的微妙，人的灵魂的微妙，这个是他最大的魅力。

毕飞宇：文学是开放的、多元的，这个没有异议，条条大道通罗马，可是我还是想说，俄罗斯的文学很正，纯正的正，我一直有一个感觉，它走在很正的道路上，不是小路，不是旁门左道。文学嘛，哪能缺少了多样化，我自己也做不同的探索，可是，在我内心的深处，还是喜欢正的东西，我喜欢走大路。许多人有一个误解，以为选择大路是为了省力气，我告诉你，正好相反，走大路是最费力气的，省力气那是挑近路。我喜欢纯正的文学趣味，它需要作家一步一步地往前推。正因为这样，俄罗斯文学又出现了另一个特点，他们的作家都是蓝领，属于干苦力的那一类。

张　莉：干苦力这个评价，还真挺适合俄罗斯文学的。——你刚才说絮叨？

毕飞宇：不能说契诃夫有多絮叨，契诃夫喜欢的是"恶搞"，逮住一个点，不停地、无限地夸张，往死里"整"。说起絮叨，在我的阅读感受上，最典型的是陀思妥耶夫斯基了，他絮叨了一辈子，苦口婆心。都说陀思妥耶夫斯基伟大，理由呢？我提供一个理由，为了一件事，他絮叨了一辈子，还有比这个更伟大的吗？没有了，我真想把眼睛眯起来说这句话。

张　莉：伍尔夫对陀思妥耶夫斯基的小说有个比喻，她说是一种"翻腾的漩涡，盘旋的沙暴，嘶嘶沸腾的喷水口，要把我们吸进去"。

毕飞宇：伍尔夫还是把陀思妥耶夫斯基当作强者来看了，也许是对的。可是，不知道为什么，我的心里，他始终是一个弱者。对陀思妥耶夫斯基，我很崇敬，却也有疼爱。我再强调一遍，我所说的絮叨不是语态上的，是情态上的，是气质，是态度，苦口婆心，婆心，你看，又是一个很女性的东西。陀思妥耶夫斯基是这样的一种人，你起床了，他在那里絮叨，你吃中饭了，他在那里絮叨，你睡觉了，他在那里絮叨，春天来了，他在那里絮叨，冬天来了，他在那里絮叨，你的胡子都白了，他还在那里絮叨。从精神状态来说，这不再是文学的热情，它是宗教般的狂热和偏执，像布道，耐心，饥寒交迫，还没完没了。他在和你比耐心，这是很卑微的，只有弱者才会和你比耐心。陀思妥耶夫斯基的伟大就来自这种卑微，我不太认同陀思妥耶夫斯基是伟大的思想家这个说法，他只有很普通的思想，甚至是落后的，尤其在后期，说到底就是《圣经》的思想，他的思想停在了中世纪。我们阅读陀思妥耶夫斯基的时候，不需要为他思想的艰深而掩卷沉思，像读黑塞那样，他的作品也没有去呈现他强有力的思辨，不是这样的，他的伟大不在这里。他的伟大是全心全意地为他的心愿服务，像永不生锈的螺丝钉，一直在那儿，永远在那儿，这个东西普通的心灵是没有能力去实践的。他卑微，却无与伦比，他不是凡人，他是半人半神的，很像阿喀琉斯，有致命的缺陷。这是气质性的东西，没有榜样的意义，你没法去学。他的卑微极为崇高。康德在《判断力批判》里说，崇高就是数量上的巨大，陀思妥耶夫斯基的没完没了，体现出来的正是这种数量上的巨大，开阔，巍峨。

张　莉：陀思妥耶夫斯基写的是人的灵魂，人的灵魂深处的东西。伍尔夫在《俄国人的角度》中评价了陀思妥耶夫斯基，我非常喜欢那篇评论，"无论你是高贵还是朴素，是流浪者还是贵妇人，对他都是一样的。无论你是谁，你都是这种复杂的液体，这种浑浊的、动荡的、珍贵的东西——灵魂的容器。……什么都不在陀思妥耶夫斯基的领域之外；当他疲倦的时候，他不是停止，而是继续。他不能克制自己。它倾泻出来，滚烫，炽热，混杂，可怕，压抑——人的灵魂。"当然她也评价了契诃夫和托尔斯泰。

毕飞宇：灵魂深处的东西，从这个说法出发，真是有点儿可悲了，某种程度上说，陀思妥耶夫斯基是种豆得瓜、种瓜得豆的典型。就说《卡拉马佐夫兄弟》，他最在意的人物是谁？一定是阿辽沙，这个是很显著的。这个人物寄托了陀思妥耶夫斯基的理想，可是，这个人物很失败，几乎就是一个符号，对陀思妥耶夫斯基来说，这样的失败已经不是第一次了，《白痴》里的梅思金也一样，一样失败。我们都知道高尔基是怎么评价梅思金的，梅思金被"写成了一个白痴"，这句话文学史里有，很不客气，很不给面子。可是，同样是灵魂的深处，陀思妥耶夫斯基一写到灵魂深处的"恶"，他的天才就全部爆发出来了，《卡拉马佐夫兄弟》我们最熟悉了，你看看大儿子德米特里这个混蛋，再看看二儿子伊凡这个小人，再看看老卡拉马佐夫，这个老流氓塑造得实在是太好了，活灵活现的，我至今都记得他在教堂里的那副模样，还有他说话的那副腔调，他坏到近乎可爱了，写得太好了。问题就在这里，如果陀思妥耶夫斯基还活着，听见全世界的读者对他说，你写的理想人物都失败，你写灵魂深处的恶都很成功，我估计陀思妥耶夫斯基会发疯，他一定会认为作家这个职业太脏了。他也许会像卡夫卡那样，让人把他的书全烧掉。当然，这是我的假想，可是，即使是假想，依然让我很难受。

张　莉：我读陀思妥耶夫斯基时感觉到很混沌。本来清晰明亮的世界，在他这里一下子变得模糊不清，他有种让人和他一起发疯的魔力。纪德很欣赏他，说在陀思妥耶夫斯基笔下，我们见不到任何的线条上的简化和净化。"他喜欢复杂性，他保护复杂性。情感、思想、爱欲从不表现为纯的状态。"陀思妥耶夫斯基似乎也不是特别讲究技巧，好像上帝在拿着他的手写作似的，他好像完全不去想写作技巧这回事儿。大概也因此，纳博科夫很不喜欢他，觉得他平庸。我觉得主要是这两个人气质犯冲。事实上，陀思妥耶夫斯基怎么是平庸的呢，他有一种强大的奇异的魅力，具有非凡的吸引力。

毕飞宇：别看托尔斯泰是那么狂热的一个教徒，又是贵族，其实托尔斯泰才是一个凡人，他是有"俗骨"的，他更关心世俗，这个从作品中看得出来，这是对的。我没有说托尔斯泰不如陀思妥耶夫斯基的意思，真的不是那个意思，我只是说，他们都是巅峰级的作家，但他们不是一路人。你看看陀思妥耶夫斯基临死的时候是怎么对他的太太说话的：我从来没有背叛过你，连这个念头都没有产生过。"连这个念头都没有产生过"，这句话让人动容。我不是他的太太，我信不信也无所谓，可是我信。我把天下的作家都怀疑一遍我也怀疑不到陀思妥耶夫斯基的头上，我相信这个作家，我相信这个人。都快死了，他在意的是什么？还是自己的"念头"。

张　莉：所以说，灵魂是陀思妥耶夫斯基创作的关键词啊，他终生都关注这个，他在《卡拉玛佐夫兄弟》手记里也坦率承认，他的工作是"以完全的写实主义在人中间发见人"。他完全不承认自己是心理学家，他说他是"在高的意义上的写实主义者，即我是将人的灵魂的深，显示于人的"。

毕飞宇：对，灵魂是他的关键词，绝对是。他守护灵魂的时候仿佛一个智障者，是有点儿"白痴"的味道。我再说一遍，我很崇敬他，可他也让人疼爱。这是他最为动人的地方。我没有学过陀思妥耶夫斯基，从来没学过，我十分清楚，那个是没法学的。如果我决定学习他，我首先必须具备巨大的宗教情怀和牺牲精神，我不具备这个东西，这年头的中国人怎么会有巨大的宗教情怀这种东西呢，近乎可笑了。在我三十多岁的时候，我对李敬泽说过，我渴望成为陀思妥耶夫斯基那样的作家，可是，因为理解力不一样了，我再也不会那样说了。我的基因不是那样的。我不学他没关系，这个世界上没有第二个陀思妥耶夫斯基也没关系。

张　莉：中国现代作家中，鲁迅似乎对陀思妥耶夫斯基很关注，评价也恳切，很少能看到鲁迅如此评价一位同行，"惺惺相惜"。你知道的，他说陀思妥耶夫斯基的写作是"'在高的意义上的写实主义者'的实验室里，所处理的乃是人的全灵魂"。原话是，"凡是人的灵魂的伟大的审问者，同时也一定是伟大的犯人。审问者在堂上举劾着他的恶，犯人在阶下陈述他自己的善；审问者在灵魂中揭发污秽，犯人在所揭发的污秽中阐明那埋藏的光耀。这样，就显示出灵魂的深。"哎，你发现没？鲁迅在评价陀思妥耶夫斯基时，便是在评价他自己。

当然，我更喜欢鲁迅后来在另一篇文章里的评价，有次写论文时还引用过，他说："他把小说中的男男女女，放在万难忍受的境遇里，来试炼它们，不但剥去了表面的洁白，拷问出藏在底下的罪恶，而且还要拷问出藏在那罪恶之下的真正的洁白来。……而这陀思妥耶夫斯基，则仿佛就在和罪人一同苦恼，和拷问官一同高兴着似的。这决不是平常人做得到的事情，总而言之，就因为伟大的缘故。"虽然鲁迅和陀思妥耶夫斯基的写作风格迥异，对于人的灵魂的关注是一致的，拷问出藏在底下的罪恶，拷问藏在那罪恶之下的真正的洁白，说得真好。

有时候我会想，大作家写到某个程度，可能都会"回心"，回到心灵内部，回到灵魂的最深处自我反省，自我拷问。——还是说托尔斯泰吧，在你眼里，他和陀思妥耶夫斯基的不同在哪儿？

毕飞宇：托尔斯泰不一样。文学史上有一个通行的说法，是比较托尔斯泰和陀思妥耶夫斯基的，说"陀思妥耶夫斯基是高峰背后的那个高峰"，这句话带有为陀思妥耶夫斯基叫屈的意思。其实，这句话非常好，很准确，为什么呢？陀思妥耶夫斯基是背后的那个高峰，你只能看见一个白雪皑皑的山巅，你通常想不起来去攀登它，那是不可企及的。但是，面前的这个高峰呢？会让你产生错觉，会让你觉得你可以接近。我就产生过这种错觉，觉得《安娜·卡列尼娜》我也可以写。你把文本拿过来分析，你看，无非是一个派对连着一个派对，有些是大派对，有些是小派对，不复杂。语言的形态也不复杂，虽然中间隔了一层翻译。

张　莉：不过，再怎么翻译，语言还是会留下原作的痕迹的，小说的气质还是会存在。

毕飞宇：是啊，许钧翻译勒·克来齐奥的《诉讼笔录》，句子很短。我专门问过许钧，为什么要这样处理？许钧告诉我，原作的句子就很短。读托尔斯泰有点儿像登山，你觉得山顶就在你的面前，一问，快到了，爬了半天，一问，还是那句话，快到了。你再问，还是那句话，快到了。其实早着呢。十多年前，我在电话里向李敬泽宣布："我要写《安娜·卡列尼娜》了。"李老师笑笑，说："好吧，写吧。"十多年过去了，我的《安娜·卡列尼娜》在哪里呢？我现在不敢说大话了，时间太阴险了，它永远都在守候着你。

张　莉：托尔斯泰和陀思妥耶夫斯基这些人都是天才，学不来。

毕飞宇：小说不是玄学，它不是一个玄乎的东西，可是，有些东西，明明白白的，就在那里，你一样不可企及。

张　莉：很多东西不是努力就可以达到的。大概我们能做的是人尽其才，不辜负上天的美意罢了。

毕飞宇：所以，功夫在诗外，这句话就是真理。小说家最要紧的，第一，站在哪里说话，第二，面对什么说话。这个无比重要，小说大师不是技术支撑得起来的，这句话我在读大学的时候就知道了，但是，要想对这句话有充分的感性认识，必须在大量的实践之后。作家总是眼高手低的，"手低"最大的原因还是在灵魂里。张爱玲在评价苏青的时候说："苏青是眼低手高的"，这句话我很不喜欢，张爱玲是个明白人，可她就是放不下她的骄傲，喜欢居高临下。张爱玲这话说得太骄傲了，还装糊涂。

张　莉：嗯？你不说我还没注意张爱玲那个评价的弦外之音。刚才你批评了海明威，那就说说海明威？

毕飞宇：我很喜欢海明威，我那是鸡蛋里头挑骨头，谁还不会挑骨头啊。

张　莉：看你刚才的样子，我以为你对他很有看法。

毕飞宇：这是聊天，就是我们闲聊，都是很感性的，又不是做论文对吧？更不是写文学史。我觉得这样的闲聊里头有另外的一种真实。除了一些原则性的东西，我发现，人其实蛮有意思的，尤其是他作为一个读者的时候，一阵一阵的，有时候喜欢这个多一点儿，有时候喜欢那个多一点儿。这里头有年纪、阅历的区别，还有心境的区别，区别其实挺大的。刚才我批评了《老人与海》，其实，这篇小说读过不知多少遍，我特别喜欢，喜欢到了一定的地步，你就会往细处去，很细很细的地方。真是鸡蛋里头挑骨头。

张　莉：你说过的吧，一本书，四十岁之前和四十岁之后读的，其实不是同一本书。我现在也有这个感觉，以前和现在的理解有很大的区别，对作家的感情也一样。

毕飞宇：海明威到底是一个记者，他很少描写的，但是，他一旦描写，绝对会让你过目不忘。我作讲座的时候特别喜欢讲海明威的描写，在《老人与海》里，他是如何描写那条大鱼的，大鱼跳跃起来了，海明威写道："海水从它蓝色的背脊上对称地泄了下来。"我想说这样一件事，描写的目的究竟是什么？在这里，海明威的目的是描写那条鱼的大，如果你说，那条鱼是巨大的，那就是平庸了。海水"对称地""泄了下来"，你联想起来的是什么？是一个大屋顶。一条鱼的背脊都像大屋顶了，这条鱼有多大，还要说吗？你要承认，在小说语言这个层面，海明威是大师级的。

　　话说到这个地方，我特别想说一下作家的个性气质和文学思潮的关系,海明威是一个男性气质浓郁的家伙,又爱运动,身体很强壮,就是这样的一个人,他成了"垮掉的一代"的代表人物,你不觉得很特别吗?很特别。垮掉通常是无力的、涣散的,容易让我们想起波德莱尔、普罗斯特、卡夫卡这一路气质偏弱的人,可海明威是谁?大男人,纯爷们儿,这一来他的"垮掉"就特别有意思,即使是"垮掉",那也是雄壮有力、牛气烘烘的,很"作"。这一点很有意思,有点儿对不上点。你仔细体会一下《乞力马扎罗山的雪》,那种濒临死亡的局面就很"作",在死亡的背后,还有一样东西,叫"作死"。海明威的"垮掉"就是"作死",他的小说人物必然会死在路上,不是死在非洲,就是死在巴黎。

张　莉:一般说来,个性气质和文学思潮通常都是合拍的,当它出现不合拍的时候,风景也就出来了。

毕飞宇:我认为是这样。

3．现代主义文学

张　莉：东拉西扯的，该来谈一谈现代主义文学了，不管怎么说，你是20世纪80年代开始文学创作的，处女作发表于1991年。无论你现在如何看待文学、如何看待小说，你，还有你们这一代的作家，怎么说也不能避免西方的现代主义文学思潮。

毕飞宇：当然是这样。可是我想强调一件事，那就是我们接受西方现代主义的路径，这个路径是很有意思的。无论是从实践上来说还是从时间上说，在中国，接受西方现代主义一共有两次，第一次是五四或五四后期的那一代，那一代作家大多都有留洋的经历，外语好，他们和西方现代主义作家是对接的。

张　莉：没错，他们深得现代的精神和灵魂。人的文学，现代写作技术，都是从那时候开始。

毕飞宇：可实际上五四和五四后期那一代作家在现代主义实践上走得并不远，他们不可能走得太远，他们要启蒙，后来还要救亡，他们渴望着他们的作品能够有效地走进大众，这一来就简单了，对他们来说，最重要的是"写什么"，至于"怎么写"，他们也许把所有的注意力都放在创立"白话文"上头了，易懂是很重要的。一篇《狂人日记》，除了说中国的历史在"吃人"，那就是使用白话了。其实，放在今天看，鲁迅刚刚使用白话文进行汉语小说创作的时候，他的摹本恰恰是现代主义文学。这是一部标准的象征主义作品。

张　莉：《狂人日记》是具有现代气质的小说，他的言说是跳跃的，有别于以往中国小说的叙述逻辑，偏重于心理叙述，不是情节，具有强烈的现代气质。文学史上将《狂人日记》定义为中国第一篇白话现代小说，很多研究者不甘心，夏志清还说过陈衡哲用白话写的《一日》比《狂人日记》早，另外一些研究者也找来其他一些文本，证明它们使用白话比《狂人日记》早。依我看都站不住脚，他们都站不住脚。所谓现代白话小说，不只是白话，还有思维和写作方式的变革。就是你刚才说的，小说文本中内蕴的现代主义的东西最重要，这岂是一般白话小说所能达到的？

毕飞宇：1949年之后，我们的文学基本上苏联化了，这一苏联化不要紧,姿态确立了,那就是和西方世界的全面对立,两个阵营嘛,冷冻了。现代主义是很西方的,现代主义在意识形态上就成了一个反动的东西。朱光潜先生当年受到批判,罪名就是用资产阶级美学对抗马克思主义。

张　莉：现代主义在"十七年"时期、"文革"时期也是"此路不通"的。

毕飞宇：新时期开始的时候创作其实不是最重要的,最重要的是翻译。说起翻译,启蒙运动的时候,汉语曾经大量地被翻译成西语,尤其是法语。但是,随着东西方世界经济和军事力量的消长,中国近代社会的开启又必须从翻译西方开始,五四运动也是从翻译西方开始的,那么,改革开放也只能从翻译西方开始。

张　莉：逻辑上是这样。北岛的《波动》是"文革"快结束时的一部小说,非常具有先锋实验气质,为什么这位作家在那时候能够创作出那么气质迥异的作品,是那些"伤痕小说"之类完全不能相比的？我想就是因为阅读和启蒙。北岛比普通人更容易获得来自西方的作品,再加上他有敏锐的嗅觉和旺盛的创作力,所以就有了那部先行的非常具有现代主义气质的小说。那部小说在当代文学史上是被低估的。对了,我似乎在林白的《一个人的战争》中看到过80年代文学青年的阅读书单,好多好杂,但如你所说,多是现代主义的。各种思潮各种流派，蜂拥而来，有如第二次五四。

毕飞宇：在我看来，所谓的现代主义，关键词有两个：一、否定，二、非理性。这就牵扯到两个人，前者牵扯到尼采，后者牵扯到康德。否定是不难理解的，西方文化的精神就是否定，每过一个历史时期都要来一次否定，这一点和中国很不一样，用李泽厚和邓晓芒的说法，中国文化的特征是积淀。——我觉得真正有意思的是康德，说起康德，他是强调理性的，他给"启蒙运动"所做的定义是"勇敢地使用理性"，到了他那里，人本主义和自由意志被提到了一个很高的高度，他再也想不到，正是他的人本主义和自由意志为后来的非理性主义提供了丰厚的土壤，——他也是要接受否定和批判的。后来的史学家把康德看作西方现代主义鼻祖，看似荒谬，其实有强大的逻辑依据。古希腊人说，"认识你自己"，我觉得这句话在西方后来的两三千年里头几乎就是一句空话——对不起啊，我这句话不一定对，说错了你原谅——只有到了启蒙运动之后，"认识你自己"才真正地赋予实践意义和社会意义。往大处说，现代主义正是"重新认识你自己"。在梅特里那里，人还是"机器"，几十年之后，尼采、伯格森、弗洛依德、荣格横空出世了，整个西方的19世纪都是反逻辑的、非理性的，直觉和潜意识大行其道，人的一个又一个黑洞被挖掘出来了。可以这样说，人到底有多深邃、有多复杂，西方的现代主义艺术给出了一个全新的回答。

张　莉：就小说创作而言，无论是直觉，还是潜意识，都不再是我们原来的那种逻辑。

毕飞宇：不再是逻辑的。你看看现实主义，现实主义在本质上其实就是逻辑，任何现实主义小说都有这样一个基本的逻辑关系，开端、发展、高潮、尾声，就这样。逻辑是现实主义的工具，也是现实主义的目的。但是，现代主义不相信逻辑了，不只是不相信外部的逻辑，也不相信内部的逻辑了，像意识流，哪里还讲什么逻辑呢？诗歌里的达达主义，荒诞派、超现实主义，绘画里的印象派、立体派、野兽派，都是没有逻辑的，至少，不再是过去的那个逻辑。人的本能、人的直觉、人的潜意识、人的欲望，大踏步地进入了西方的现代主义艺术，逻辑所提供的世界不再是世界。

张　莉：有点儿天下大乱的意思啊。

毕飞宇：但是有一句话我们也不该忘记，是胡塞尔说的，"西方的一切非理性哲学都是理性的"，我没有读过胡塞尔，这句话我是从邓晓芒先生的书里看到的，老实说，对这句话我也不是很理解，我就把这句话放在这里，下次再有机会见到邓老师，我会好好地请教他。

张　莉：你还是别学了，哲学仿佛成了你的紧箍咒似的，进去了说不定就出不来了。

毕飞宇：我已经说过了，我最早知道现代主义是从王蒙那里开始的，另一个就是朦胧诗，那大概是20世纪70年代末或80年代初，我六七岁的样子。我是从王蒙那里知道"意识流"的。我刚才也说了，我们接受西方现代主义一共有两次，一次是五四之后，另一次就是20世纪的70年代了。这一次不一样，这一次成了"思潮"，思潮的动静就大了。北岛和顾城是这个思潮的先驱。在这个问题上小说家必须低调的，为什么呢？诗歌总是走在"思潮"的前头，原因也简单，诗歌的创作周期短，它来得快，小说这东西太费时间了。也正是这个原因，小说的发展通常在诗歌的后面。诗歌是突击队，小说是大部队。另外一点也必须承认，和诗人相比，小说家的敏感确实也没那么神经质，总体上，小说家是偏于理性的。在这里我要感谢一份杂志，那就是《译林》，是我们江苏译林出版社的一份外国文学杂志，这个刊物在80年代初期做了一件好事，那就是做名词解释，意识流、存在主义、超现实主义、象征主义、达达主义、野兽派，这些概念我还是看了名词解释之后才似懂非懂的。也不是似懂非懂，其实就是不懂，一个十多岁的孩子，对西方哲学一无所知，怎么能懂呢？当然，后来我写作了，许多概念就容易一些了，写着写着，一些感念就无师自通了。

张　莉：那些名词是不是个个金光闪闪，像轰炸机一样就来了？

其实对它们的懂或不懂，都不应该是从定义开始的。不写的时候，可能那些名词只是些概念，动手写作、具体实践之后，那些名词的动机和来处就会变得清晰，开始理解了。这个是一定的。

毕飞宇：所以，我想把中国现代主义文学的发展脉络捋一捋：在中国，由于国门大开，五四之后的一些小说家、诗人开始了他们的现代主义实践,这个实践走得并不远,后来也终止了。"文革"后期，一些阅读条件比较好、同时又具备了天赋异秉的年轻人，像北岛、顾城他们，开始从故纸堆里头读到了现代主义的翻译作品，他们开始了实践，这一实践，动静大了，中国文学有了一个惊天动地的东西，叫"朦胧诗"。"朦胧诗"是一个讥讽的说法，一个不负责任的说法。差不多与此同时，王蒙也开始小说实践,后来又有了一个马原，再后来，洪峰、孙甘露、格非、苏童、余华都出现了，我们的文学里出现了一个文学概念，"新潮小说"，后来也有人说"先锋小说"，这两个概念是一码事，但是，在今天，先锋小说这个概念显然得到了更多的认同，使用的频率也更高。所以，简单地说，现代汉语的现代主义文学，根子在西方，发芽于五四，"多年之后"，花开两朵，各表一枝，一枝叫朦胧诗，一枝叫先锋小说。

张　莉：线索大致成立。但是，我认为还应该加上戏剧，那时候高行健他们也进行了非常多、非常有冲击力的探索，这个也很重要。所谓现代主义的创作，是文体全方位的，当时的实验话剧影响力很大。

毕飞宇：戏剧我没有关注过，对不起。在我读大学的时候，1983年到1987年，朦胧诗其实已经过去了，而先锋小说则刚刚开了一个头。那时候，我的兴趣在诗歌上，后来转到哲学上去了，再后来就打算考研了，英语没过，也就没有考上。说起来也真是很有趣，我在读大学的时候一会儿想做诗人，一会儿想当教授，恰恰没想过去做小说家，也许在我的心里，小说家还是不如诗人和教授的，这是受了我父亲的影响。李敬泽写过一句很逗的话，他说，毕飞宇写小说是"一个好吃的人最终做了厨子"。你看到过这句话吗？

张　莉：看到过。大学时代你对现代主义作品读得多吗？

毕飞宇：那当然，可主要是诗歌上。现代主义小说也读，量不算大，最关键的是，我不知道现代主义在未来的一段时间里头会成为文学的主流。你也知道的，中国的文化从来都是一窝蜂的，文学更是这样，1987年，在南京，我听到一个外地编辑这样评价一位年轻作家："他不是现代派"，口吻是很严厉的，这句话吓了我一跳，哦，要现代派，一定得现代派。

张　莉：哈，"不是现代派"的意思意味着不先锋和不新锐，或者落伍吧，那个时候是哪一位作家对你的影响最大？

毕飞宇：当然是艾略特。他是我们心中的神，今天我可以说老实话了，那时候其实我也读不懂，唯一让我兴奋的，是那种不可思议的语言方式。对一个年轻人来说，语言的方式是很吸引人的。打一个比方，你听惯了民乐合奏，突然听到了电吉他，那是什么感觉？

张　莉：不懂，但也有刺激，这个好玩儿。谈得最多的就是艾略特？

毕飞宇：说得多的是艾略特和庞德，其实，心里头真正喜爱的还是波德莱尔。人在年轻的时候往往有这样的倾向，从众，歌星和影星在年轻人当中容易受到欢迎就是这个道理，一个人红了，个个说喜欢，你要是不喜欢就意味着你落伍，这里头有一个文化上的标识问题。那时候，诗人和现在的明星差不多。波德莱尔对我有冲击力，这个冲击力就是忧郁和审丑。波德莱尔有一张著名的相片，我估计许多文学青年就是因为这张照片喜欢上波德莱尔的。他额前的一缕头发和沉郁的目光可以说是他诗歌的一个序言，在最初，他的诗句我是不能接受的，太病态了，一副倒霉到家的气息。我记不得是谁写过一篇论文了，比较了巴黎的波德莱尔和北京时期的鲁迅，鲁迅不是翻译过厨川白村的《苦闷的象征》吗，所以，文章的题目是这样的，《北京的苦闷和巴黎的忧郁》，文章非常好。说到底，波德莱尔是适合年轻人的，年轻人喜欢自寻忧郁，每天不忧郁一会儿似乎就白活了，说到底还是一种对自由的渴望，总希望自己无拘无束，哪怕很穷，也希望自己的未来谁都别管。

张　莉：你说的是郭宏安翻译的那本《波德莱尔美学论文选》吧，人民文学出版社1987年出的。我有那本。作为雨果的同代人，波德莱尔对雨果态度的反复真让人吃惊。不过，他的有些评价也真是切中肯綮，比如他说雨果是崇高的、普遍的、没有边界的天才；说雨果有"对很强大的东西和很弱小的东西的同等的爱"。当然，中国的读者面对波德莱尔可能还有一个问题，那就是道德。

毕飞宇：没错，其实不只是中国，在西方也是一样的，如果没有雨果，波德莱尔的命运将会怎样？如果我们积极一点儿，我们也能看到文学的意义，文学其实一直都是在向人性让步的，在这个让步的过程中，出现了许多标志性的作家，薄伽丘、拉伯雷、波德莱尔，还有后来的让·热内。在我看来，文学向人性让步有两次重大的行为，一次是文艺复兴，一次是现代主义运动。有一句话我愿意放在这里，文学到底会把人类带到哪里，这是一个问题。这个问题我已经面对很久了。

对了，2010年法文版《推拿》在巴黎首发，我特地去看望了波德莱尔的墓，很有意思，除了那些散落的诗句之外，还有一个粉红色的乳罩，就那么放在那里。想想吧，一位女士，她来到了波德莱尔的墓前，也许是动情了，想献上一点儿什么，她一定知道波德莱尔好色，干脆把自己脱了，献上了她的乳罩。我觉得这是一次很特别的祭奠，充满了浪漫和现世的气息，它让你坚信，波德莱尔还活着，在地下室。

张　莉：真的很动人，——袁可嘉主编的那套《西方现代主义作品选》呢？

毕飞宇：这一套书影响可大了，我估计中文系的学生都借过，中文系的学生很少不读这套书的，某种意义上说，这套书是现代主义的科普书。我们这一代作家都要好好地向翻译家致敬。

张　莉：回到小说上来吧，在你的大学阶段，现代主义小说对你到底产生过多大影响？

毕飞宇：在我读大学的阶段，影响力最大的是两个西班牙语作家，一个是博尔赫斯，一个是马尔克斯。如果你的阅读一直停留在批判现实主义和浪漫主义，一下子遇到博尔赫斯，那一定是惊为天人的，你会惊诧，这也是小说吗？不可能啊！首先挑战你的一定是最基本、最直观的东西，那就是小说里的单词，或者说语汇，比方说，空间描写，博尔赫斯的空间描绘很像科学论文，你看看博尔赫斯关于图书馆或花园的空间描写，许多词语直接就是从科学用语那里移植过来的。他的词语搭配实在是美妙。在传统小说里面，空间完全就是一个容器,一个人物的容器,一个事件的容器,可是,到了博尔赫斯这里,空间突然成了小说的主人公了,很像拓扑图片里的几何关系,他的故事和人物你反而可以忽略,你很不适应,但同时一定是惊为天人的。

张　莉:博尔赫斯的空间都很像焚烧的香,在那里缭绕。

毕飞宇:这个比方打得好。我迷上博尔赫斯就是从他的空间描写开始的,他用的是哲学的方法、科学的方法,唯独不是小说的方法。这只能说,小说的叙事革命了,整个小说的叙事修辞和叙事美学革命了,所以,这样的方法必然成为一种新颖的、奇特的叙事方法。

张　莉:如果这么说的话,我估计马尔克斯吸引你的一定是时间了。

毕飞宇:一开始不是,一开始我关注的也还是最表面的东西,那就是语言,语言的结构怎么就那么不一样呢?后来发现了,和博尔赫斯的空间一样,在马尔克斯那里,时间也成了小说的对象了。老实说,在阅读魔幻现实主义作品之前,我再也想不到时间和空间问题可以拓宽小说。我这样说有些机械了,其实,他们两个人在对时间和空间的处理上都很独特。这是标准的现代主义,时间可以不讲逻辑了,空间也可以不讲逻辑了,所谓的逻辑,成了作者的需要,作者想怎么弄就怎么弄。马尔克斯对他的妻子说,他不是在"写"小说,他是在"发明"小说,这句话不是吹牛。他真的是在"发明"小说,小说从此就成了另一个样子了。如果把时空关系的变化抛开,小说需要面对的其实还是那些内容,人物,还有事件、历史,就这些,还是这些。说起来这是多么简单的事情,但是,在他们没有这样做之前,谁敢?没有人敢。说到这里我很想说一说文学革命,文学革命,多大的一件事,但是,回过头来想,它又是简单的,简直不可思议。在文化改朝换代的时候,一两个天才遇上了机遇,他们的一个小小的动机就是亚马孙流域的蝴蝶翅膀,然后,在万里之外掀起了巨浪。

张　莉:作家除了自身的才能之外,所处的文化环境也很重要。

毕飞宇:那当然了。就说魔幻现实主义,它在本质上其实就是欧洲文化和拉美文化的一个落差,我们来看看《百年孤独》里最迷人的几样东西:一、夏天的冰,二、磁铁,三、电影,依照我浅陋的见解,这就是魔幻现实主义的全部秘密。夏天的冰、磁铁、电影,这几样东西是和欧洲的近代科学联系在一起的,它们是工业革命之后几个简单的东西,可是,它们出现在了拉美,一个离近代科学很遥远的地方,了不得了,物理性一下子拥有了神性。这个神性是什么呢?就是认知的不可企及。我的看法也许没有普遍性,在我看来,所谓的魔幻现实主义,其实就是一切普通的东西都拥有了神性,这个神性和古希腊的很不一样,古希腊的神性是本源的、自由的、美妙的，像大理石一样皎白，魔幻现实主义的神性是黑色的，带有无法言传的屈辱。老实说，我对魔幻现实主义真的有所了解，还是以后的事情，我读过一本书，和文学无关，是乌拉圭记者加莱亚诺写的，《拉丁美洲被切开的血管》，你把这本书和《百年孤独》放在一起，就算你是一个傻瓜，你也能对魔幻现实主义有一个大致的了解。

张　莉：一个作家最幸运的地方就在于他能够处在两种文明的衔接处、交集处。

毕飞宇：我完全同意你的说法。无论是一种文明内部的衔接处，还是不同文明之间的衔接处，衔接处永远是迷人的，虽然它也许是残酷的。因为夏天的冰、磁铁和电影的出现，拉美人对世界的认识一定是颠覆性的，他对时间、空间、历史、道德、秩序、人性，一定会有一个颠覆性的认识，我觉得在那样一个历史时期，在拉美出现魔幻现实主义是必然的，反过来，出现在中国就没有可能。中国文化的力量太强了，还有一点也很重要，我们虽然有被殖民的历史，但是，汉语一直没有丧失，中国人一直是用汉语来书写自己的。同样，魔幻现实主义在欧洲暴红也是必然的，你想想，那可是正经八百的"西班牙语文学"，西班牙语，欧洲的语言，不是翻译成欧洲语言的，这一次轮到欧洲吓一大跳了，简直就是爆炸。我觉得欧洲人对待魔幻现实主义文学的心态是复杂的，有他的得意在里头，它可是欧洲的私生子啊。

张　莉：私生子？哈，有道理。

毕飞宇：我觉得欧洲人看魔幻现实主义就是一个过气的男人遇上了自己的私生子，小伙子也大了，年轻、英俊、潇洒，老家伙盯着小伙子看，看呀看，发现有些地方像自己，有些地方又不像，自豪和内疚都是难免的，赶紧把叔叔叫过来、把婶子叫过来，都来看。我不能说这里头没有自责，但是，自豪可能也是有的。

张　莉：哈哈，你刚才很多说法都挺有趣，我都不忍心打断你了，你喜欢用日常生活的眼光来看待历史。

毕飞宇：聊天嘛，我们就是聊天。

张　莉：聊聊卡夫卡吧，这个作家对整个欧洲的现代主义文学产生过巨大的影响，把他忽视了也许是不对的。

毕飞宇：卡夫卡？为什么一定要聊卡夫卡呢？

张　莉：难道不该聊卡夫卡吗？

毕飞宇：该，当然该。

张　莉：你似乎对这个话题不感兴趣。

毕飞宇：不是不感兴趣，感兴趣，太感兴趣了。

张　莉：为什么呢？

毕飞宇：老是吵架，在北京吵，在南京吵，在柏林吵，在巴黎吵。说一次就吵一次。

张　莉：为了什么？

毕飞宇：喜欢卡夫卡的人非常多，我却不喜欢。当然，我知道卡夫卡的地位，没有一个文学史家有勇气忽视他，他是大师，他是现代主义文学的奠基者，这些都没有问题。我只是说，作为一个读者，我不爱他，偏偏爱他的人又特别多。有一个朋友特别喜欢我的小说，当他知道我不喜欢卡夫卡的时候，急了，站了起来，瞪着眼睛，真是瞪着眼睛，质问我："你怎么能不爱卡夫卡呢？"我就是不爱。我其实对卡夫卡倒也不反感，他是一个好作家，只是没那么好。就因为反对我不爱卡夫卡的人太多了，我就必须强调这一头，也许也有点儿过头了。

张　莉：那你谈谈你对这个作家的整体感受吧。

毕飞宇：这个人不能算是传奇，但是，作为一个作家，他是传奇。正因为这样的传奇性，他得到了读者的爱，这个我是理解的。卡夫卡的创作始终面对的是两个问题：一、荒诞，二、异化。

张　莉：围绕着这两点，卡夫卡呈现出了孤独感、苦闷情绪和脆弱，也就是恐惧。在他所处的那样一个背景下，他的情绪是具有普遍性的。

毕飞宇：对，他的普遍性真的很强，有他的涵盖面。可是，有人听了我的话都想动手，是这么回事，我先做自我检讨哈，也许我的小说理解力还欠缺，我总觉得卡夫卡作为一个小说家太生硬了，另一个我觉得生硬的作家就是米兰·昆德拉。《判决》我觉得生硬，《变形记》我也觉得生硬，《致科学院的报道》很生硬，《地洞》就更生硬了，读卡夫卡的时候我总觉得在读拉封丹或克雷洛夫。小说家毕竟和诗人是不一样的，你不能只提供情绪，作为读者，我渴望从小说里看到一些更加丰满的东西。

我们还是来做一个比较吧，同样是面对荒诞，加缪的《局外人》我觉得就是一部杰作。

张　莉：《局外人》当然很好。但我觉得卡夫卡也是很好的啊。

毕飞宇：加缪的影响力远不及卡夫卡，但是，在我的心里，加缪是一位比卡夫卡好得多的作家。《局外人》太棒了，我差不多每一次作演讲都要讲起它。我们来进入文本，你看哈，我，莫尔索，母亲去世了，他去奔丧，他在母亲的遗体旁吸烟、喝咖啡、做爱，后来，他杀了人，法庭开始审判，不管他的杀人动机、手段、器械，法庭对什么感兴趣呢？对他在母亲的遗体旁吸烟、喝咖啡、做爱感兴趣，为了什么？为了证明莫尔索"在精神上是一个杀人犯"，最终，莫尔索就是作为"精神上的杀人犯"被处死的。小说的进展十分合理，而一切又都是那么荒诞。我个人的观点是这样的，我不能说卡夫卡不好，可是，他的小说缺少"进展的合理性"。

张　莉：我未必同意你的结论，但是，你这样分析是有道理的。

毕飞宇：我不怕一个作家大段大段地说道理，玩思辨，但是，我所喜爱的小说必须有它自身的进展。卡夫卡在这个问题上不能让我满足。有人说，卡夫卡展示了一个时代啊，这就更不对了，卡夫卡展示的哪里是一个时代？他所展现的是全人类的历史，——荒诞、异化、孤独、苦闷、脆弱、恐惧，这些东西不只是卡夫卡那个时代才有的，每个时代都有。如果你说卡夫卡是全人类历史上最伟大的小说家，我同意，但是，如果你说他是他那个时代最伟大的小说家，我反而不能同意。

张　莉：有什么关系呢，伟大就够了，一定属于哪个时代干嘛。其实，卡夫卡和加缪属于一个类型的作家，都有图解性、哲理性和思辨性。比如桑塔格，她和你的看法就相反，她觉得卡夫卡有他的想象力，加缪的小说有点儿单薄枯瘦，艺术上不能算一流作品。嗯，我同意她的说法。不过，不管怎么说，这可真是意外的收获吧，我还不知道你关于卡夫卡还有这么多的故事。但我觉得可能是个人气质的原因，加缪大概是在哪一点上深深触动了你。——你喜欢加缪？

毕飞宇：对，我喜欢加缪，虽然萨特很瞧不起他，但是，在我的眼里，作为小说家的萨特比加缪差远了，他的《理智之年》不是一般的差，没法读的。如果不是萨特的影响力，我估计没几个人愿意去看。但问题就在这里，萨特的哲学影响了太多太多的人。我翻阅过许多不同版本的西方文学史，加缪始终是一个比萨特次一等的作家，这个是没有办法的事情，文学史也很势利的。在哲学面前，文学必须屈服，你让我来写这个文学史，我也只能这么写。

张　莉：加缪和萨特放在一起，当然是加缪的小说好。哲学家毕竟不是小说家。你那句，在哲学面前，文学只能屈服，我不太同意，但是，你说的这个事实也可能存在。

毕飞宇：你写中国现代文学史，你能不提胡适的《尝试集》吗？

必须的，可是，胡适作为一个诗人那是一个怎样的诗人呢？套用一句网络用语，"你懂的。"

张　莉：提当然要提，但《尝试集》不过是得风气之先罢了，有影响的一个集子而已，没有人认为它的艺术性怎样。——阅读这个话题聊起来会比较散乱，我们能不能集中一点，谈谈你最喜欢的几个当代的西方作家。

毕飞宇：亨利·米勒我喜欢。在我三十多岁的时候，《回归线》和《大瑟尔》我特别喜欢。喜欢亨利·米勒的中国作家很多，他是个异类，和毛泽东是同一天出生的。我估计朱文一定会喜欢。我和朱文接触很少，没有聊过，但是，他们两个人身上的那股劲头很像，很浑，有力量。我至今不理解朱文为什么那么早就放弃写作。

张　莉：朱文是个好作家。每次读《我爱美元》我都觉得好。他后来不写也有他的幸运，他使自己成了一位"不在江湖，但江湖上永远有他的传说"的作家，至少现在的当代文学史都对他念念不忘，都要提到这位小说家。那其他活着的作家呢？

毕飞宇：活着的作家里我喜欢这样几个，奈保尔、奥兹、勒·克来齐奥、托宾、菲利普罗斯，还有一个很年轻的美国作家，1968年的，迪亚兹。

奈保尔是特别的，我一直把他作为我的榜样，为什么我那么喜欢他呢？他在长、中、短篇这几个式样上几乎没有软肋。这个太厉害了。我渴望成为他这样的作家。我是这样看的，即使只有一本薄薄的《米格尔大街》，奈保尔都有资格成为一个大师。这本书很像中国的一种建筑，就是阁，没有墙，就是一些柱子，每一个短篇都是一个独立的柱子，撑起了那样一个空间。《米格尔大街》里的每一个短篇我都喜欢，这个薄薄的短篇集还有一个特征，看完了，你的感觉很厚，几乎就是一个长篇，这个是很牛的。我一直渴望自己也有一本这样的书，可是到现在也没有写出来。

大概在前年，我读到了迪亚兹的《沉溺》，我的阅读感受和当年读《米格尔大街》非常相似。正因为这样，我有点儿替迪亚兹担心，他也许会被奈保尔遮蔽掉。我不知道他自己有没有这样的担忧，我是有的。也正是因为这样，我对他的未来就特别地期待。迪亚兹会往哪里走，这是一个很有意思的话题。

张　莉：还真是巧啊，我也喜欢迪亚兹！《沉溺》写得强悍有力，有气象。还有个年轻女作家叫茱帕·拉希里，获过普利策奖的，我读了她的《不适之地》，非常喜欢，她的小说里混杂着背井离乡、身份认同、失望、困惑、疏离感，气质卓然，这个作家得天独厚处于多种文化的交界地带，她是孟加拉裔移民印度，然后又移民美国，小说写得很安静，但很有力量，强烈推荐。最后谈谈你的同事勒·克来齐奥吧。

毕飞宇：这个作家是许钧推荐给我的，大概是20世纪的90年代。远在他得诺奖之前，勒·克来齐奥在中国的影响力并不大，我读的第一本书就是许钧翻译的，《诉讼笔录》，然后是袁筱一女士翻译的《战争》，然后是高方女士翻译的《奥尼恰》。这是一个优雅的作家，甚至可以说，是一个语体作家，他始终在进行他的语言实验，或者说，叙事实验，虽然隔了一层翻译，你是可以感受得到的。但是，勒·克来齐奥最大的特点不在这里，他的特点在杂糅，虽然他是法国作家，但是，很不典型，这种很不典型体现在文化立场上，他的身上同时拥有殖民者文化和被殖民者文化的双重痕迹，这是极其罕见的，勒·克来齐奥的价值也许就在这里。殖民和被殖民，这个大主题在世界文学的范畴里头还要持续很长的时间。可以这样说，冷战之后，只要美国一家独大的现状没有改变，整个欧洲都会抓着这个话题不放的。在这个问题上，整个欧洲都是紧张的，一方面是反思，另一方面则有恐惧。

张　莉：这个看法很对，必须同意。

毕飞宇：与勒·克来齐奥相反的是波拉尼奥，他是用西班牙语写作的，你知道，我对用西班牙语写作的作家总是有一份特殊的情感，无论翻译怎样隔阂，只要是用西班牙语写的，你依然可以看得出来，听说讲西班牙语的人说话快，血液流动得也快，西班牙语和激情是捆在一起的,就像沉郁和俄语捆在一起一样。可是,用西班牙语写作的波拉尼奥却更像一位法国作家,如果你做比较文学,你把勒·克来齐奥的《奥尼恰》和波拉尼奥的《2666》放在一起研究一定是一件有趣的事情。这是文化渗透的特殊风景。

写作历史

1. 《叙事》
2. 《哺乳期的女人》
3. 《是谁在深夜说话》
4. 《怀念妹妹小青》
5. 《地球上的王家庄》
6. 《大雨如注》
7. 短篇和唐诗
8. 《玉米》
9. 《上海往事》和《那个夏季，那个秋天》
10. 《平原》
11. 《推拿》
12. 《苏北少年「堂吉诃德」》

1.《叙事》

张　莉：讨论几部重要的小说吧，比如《叙事》，是什么使你开始动手写这个的？

毕飞宇：《叙事》刊发于1994年的《收获》，1993年动笔的，这个作品我说得比较多，别人说得也比较多，其实，这个作品有一个先决性的前提，这个和我的家族史有关。我从小就知道一件事，那就是我没有爷爷也没有奶奶。大约在1986年前后，有一年的暑假，就在我家的客厅里，我的一个远房亲戚突然对我冒了一句话，她说："你有奶奶，在上海呢。"这句话没头没脑的，也不能说在我的情感上引起了多大的震动，但是，这句话很顽固，一直在我的心里。我就觉得我的家族是一个巨大的黑洞，怎么就让我摊上了呢？

张　莉：关于你的家族史，你的《苏北少年唐吉诃德》里有简单的说明，尤其是关于"奶奶"的。

毕飞宇：1988年春节后，我和启东县的渔民一起出了一趟海，我在海上度过了非常狼狈的十一天，我呕吐了十一天。渔船上岸却选择了上海，这个是我没有料到的。你知道，第一次下海的人不只是晕船，上了岸之后还要晕岸，你的身体已经适应了海上的颠簸，突然静止下来，心理上还在颠簸，可身体静止了，你也会吐。登岸之后，我在上海走了都不到五十米，我就摔倒了，在地上呕吐。我在呕吐的时候想起来了，这是上海，我奶奶生活的地方，可是，她还活着吗？她现在是怎样的呢？这个突发性的念头让我的情绪变得动荡。严格地说，这一次不能叫"去上海"，我只是路过了一下，但是，上海留给我的究竟是什么呢？是很伤痛的。很长时间里头，我对上海一直都回避。就在1988年，我有了一个计划，如果有机会，我要面对一下我那个黑洞一般的家族史。写《叙事》的时候，我有这个念头。

张　莉：这个我还是第一次听你说。

毕飞宇：以往我们都是从小说美学的角度去谈论它。

张　莉：也就是说，从小说的出发点来说，已经决定了《叙事》

不会是一个平静的作品。

毕飞宇：可以这么说。那时候我之所以决定写《叙事》，其实有一些自信在里头，我觉得我可以写了，我的手上有点儿力量了。

张　莉：《叙事》写得很开阔。

毕飞宇：这就是现代主义小说的好处，现代小说给小说带来了时间和空间上的自由，这一条是很关键的。不要小看了时间和空间，一个小说家一辈子都要被这两个东西折磨。我可以肯定地说，如果意识不到时间和空间对小说的意义，这个小说家写一辈子也不会有什么大出息，小说的时间和小说的空间对小说的技术来说几乎就是一个硬指标。

张　莉：尤其在时间和空间的处理上，的确自由了，你可以任意处理历史、家族、现实、内心的动态。

毕飞宇：《叙事》的写作是一个自我放大的过程，我在亚洲文学奖的颁奖典礼上说过一句话，写作会给人带来错觉，觉得自己像个巨人。这不是夸张，是很真实的感受，有时候，你能感觉到自己很巨大，这个东西，不写作的人大概体会不到，整个人都是通的。

张　莉：这个体会很爽。

毕飞宇：但是，《叙事》的写作依然存在一个实验问题，那就是如何坚持让我的语言"不像"汉语。

张　莉："不像"汉语是什么意思，为什么要"不像"？

毕飞宇：我们这一代人是"文革"当中成长起来的，所谓的汉语，其实就是"文革"语言，在那样的背景底下，你怎么能用"文革"语言去写小说呢？写不下去的。那就得另外找一种汉语，这个汉语只能从翻译小说那里去寻找。朦胧诗是这样，先锋小说也是这样。翻译小说虽然是汉语，但是，它在语法结构和字词的搭配上和当时的汉语有很大的距离，这么说吧，如何让我的语言"不像"汉语，那是我的大事。

张　莉：明白。那你从什么时候意识到这个问题的呢？

毕飞宇：这个问题不是我意识到的，是诗人和马原这些人意识到的，我只是从他们的作品中感受到的，我在大学里头写诗，说得直白一点儿，那个不能说是写，只能说是模仿。

张　莉：你对语言的问题很敏感。

毕飞宇:我在中学阶段其实很爱读王蒙,王蒙的语言速度快,冲,有大量的修饰,纷繁复杂,到了大学阶段,开始注意马原了,比较下来,马原更"西方",更"现代主义",那时候有许多的文学青年喜欢马原,我知道把马原和西方现代主义联系起来还是后来的事情。

张　莉:这个比较真有趣。

毕飞宇:最可爱的事情还是这个,直到我读大学了,我还以为"翻译"就是逐字逐句地"对译",所以,都到了那个时候了,我还以为西方的作家就是那样"写"的,那么,我的小说也必须这么写,放弃汉语的线性。

张　莉:线性是什么意思?

毕飞宇:汉语是线性的,西语则不是,它们带着自身的面积。西语里有大量的从句,每个英语老师在课堂上都要花很大力气讲述"时态"和"从句"。"从句"就是贵族出行,它有一个主人,然后,跟随着大量的随从。这些随从在"时态"上对主人必须服从,有它的统一性。西语的排场很大,汉语不是这样的。

张　莉:这个比喻好。

毕飞宇:《叙事》的语言很绕,那时候我喜欢写大句子、长句子。

张　莉:对。也不光是你吧,当时的很多新生代作家都那么说话,现在看起来真是很奇怪,大家怎么都那么写。绕,不好好说话。

毕飞宇:这个问题我到写《玉米》的时候才算解决,写《玉米》的时候我三十六岁了,可以说是顿悟,主要是不怕了。我不怕什么呢？我不怕写汉语了,我再也不用千方百计地写"翻译语言"了,这个有些可悲,也很可笑的,但是,如果你是我们这一代作家,你就会发现,这个一点也不可笑。话说到这里就变得容易了,我只有到了三十六岁才算知道"汉语"是怎么回事。我想说,这里头有很复杂的历史内容。一个作家的改变有可能是一件小事,但是,在它的内部,有可能潜伏着十分巨大的历史变迁。这是从语言上说的,从《叙事》的叙事形态上说,我动了许多脑子,为什么这个东西叫《叙事》呢？说白了,我想呈现"叙事",主要是呈现叙事的时间关系和空间关系。这篇小说对我很重要,是我自学成才的一个重要注脚。物理时间和叙事时间的区别,物理空间和叙事空间的区别,我是通过《叙事》的写作才搞明白的。为什么我在三十岁前后写作那么来劲呢,主要就是这个,一边写,一边明白,时时刻刻可以感受到自己在进步,这种感觉非常具体。

张　莉：也是写到一定程度后的悟吧。

毕飞宇：这里头还有一个原因，从1987年到1992年，我一直在学校里头教美学，一天到晚给年轻人讲授模仿、再现、表现、移情、内模仿、格式塔理论，当然还有审美距离。我一边写小说，一边讲理论。我想说，讲授美学对我的帮助很大，一本书，或者说，一种理论，你读过一遍和你讲过一遍，区别是巨大的。

张　莉：这倒是，我做老师也有这样的感觉。每次讲东西每次都有不同的体会。

毕飞宇：在写《叙事》的时候，我几乎有点儿做游戏了，那就是做时间和空间的叠加，其实，这个办法许多人都用过了，王蒙的《杂色》与《相见时难》已经做得很好了，我读《杂色》的时候还很小，不习惯，到了写《叙事》的时候，我突然发现我也能这样写小说了，这个感觉吓了我一大跳，我第一次觉得自己跟上了，——其实还差得远呢，可我的内心很满足，一个人，在南京遥远的郊区，在黑咕隆咚的深夜，高兴得不得了。

张　莉：那个时候大家都在实验，当时你提到的这些人，他们其实也是实验者，找路。

毕飞宇:我想格外强调一下,到了20世纪90年代中期,"文革"式的叙事模式在中国的当代文学中已经被彻底摒弃了,这是中国作家对中国社会做出的巨大贡献。小说"怎么写",到了这个时候大概可以告一段落,下一个问题必然是小说"写什么",小说的脉络大概就是在"怎么写"和"写什么"之间滚动。

张　莉:文学史上的许多潮流都是一阵风,非此即彼,今天说"写什么",隔阵子又说"怎么写"。但是,一个好的文学作家,实在不应该把"写什么"和"怎么写"分开,这是一体的,不可分,都很重要。

毕飞宇:《叙事》在大的方法上依然继承了这样的路数,唯一不同的是,我写《叙事》里头还是渴望强化史诗模式的。在我所有的小说里头,这是艰难的尝试,你可以从《叙事》里头看到一个年轻人是如何逞能的。

张　莉:它发在1993年《收获》上,除了文学圈,外人几乎不知道。

毕飞宇:1994年,离1989年也才五个年头,文学的萧条是可想而知的,《叙事》不可能产生多大的影响力,

张　莉:没赶上合适的时候。

毕飞宇：这没什么。我倒是很感谢那个时候，因为那时候特殊的文化氛围，萧条嘛，没有笔会，没有研讨会，没有媒体的大力鼓动，这些东西都没有，人们甚至都不谈文学。这对我的心理很有好处。我一直耐得住，也坚信文学之路不需要"操作"，我对"操作"极度鄙夷，这也不是我有什么特别之处，是那个时候自然而然地养成的，它给我打下了一个很好的心理基础。无论后来的变化有多大，我总是记得那个时候，直到今天，我也还是那样的心态。

2.《哺乳期的女人》

张　莉:《哺乳期的女人》在你的小说里很突兀,这之前和之后你都没有类似的文本。我喜欢是因为它的切入点,具有隐喻性和延展性,为什么现在还会拍成电影,应该是创作者们觉得它反映的生活具有当下性。

毕飞宇:这是1995年的作品。我对这个作品的记忆非常清晰。我甚至能记得写作的具体细节,就在床上,一笔一画的。

张　莉:是你最早受到广泛关注的作品。

毕飞宇:这个作品因为获得了首届鲁迅文学奖,差不多可以看成我的"成名作"了。我写这个作品首先要感谢《读书》。

张　莉:《读书》?

毕飞宇:在相当长的时间内,我都是《读书》的忠实读者,订阅了很长很长的时间。80年代的一句话是怎么说的?"可以不读书,但不可以不读《读书》。"我一点也不夸张,那个时候的《读书》是我的老师。

张　莉:我前几年也看《读书》,里面有好东西。

毕飞宇:在20世纪90年代,中国正在迈向现代化。应当说,中国那个时候离现代化还很遥远。但是,就在那样的时候,《读书》做了一件特别了不起的事情,开始反思现代化。这是何等的眼光?是哪一年?我实在记不得了,我在《读书》上读到了这样的一句话,过分的科技和高度的现代化,使得"每个家都有自己的病人"。

张　莉:这话没错。

毕飞宇:老实说,在1995年,我个人生活还和现代化没有关系,我所渴望的是工资高一点,家里能有几样像样的家电。可是,《哺乳期的女人》却开始"反思"金钱、科学和现代化了,这是不可理喻的。

张　莉:我们以前没讨论这个小说。大概是2008年,我重读《哺乳期的女人》后写了篇论文,提到这篇小说是对"全球化"的凝视,对现代化的反思。为什么写呢？因为我看当时的评论里并没有多少人注意到这个,而你小说里的这个气息却特别强烈,所以有强烈的写作冲动。当时大家都注意的是你面对现实世界里的"空镇"问题,但小说思考其实更复杂。十几年后,它对于今天依然具有"普遍意义",中国大地上的南北农村走上了一条"金子"和"银子"铺就的路,人们获得了越来越多的出外自由、工作机会,如果以口袋里的钞票作为幸福指数标准,这些人的生活水平可能是提高了,可是看看那个留守儿童旺旺,他除了获得以"旺旺"为代表的袋装食品外,受到的伤害却实实在在、无可补偿的。换言之,如果说在当下,中国农村所受到的侵害不仅是以土地减少、劳动力丧失为表征,那么毫无疑问,这部小说所呈现的是另一种形式的侵害,它们以女性哺乳功能的缺失、母子亲情关系的日益荒疏为代价。

毕飞宇:这里头有一个问题,我是一个失去了现实感的作家吗？不能这样说。现实可以是历史,也可以是当下,更可能是未来。历史感可以造就作品,当下感也可以造就作品,未来感同样可以造就作品。

张　莉:非常同意。

毕飞宇:《哺乳期的女人》是一部超前的小说,我个人愿意把《彩虹》《家事》《大雨如注》规划到这一类当中。2002年还是2003年,国务院终于关注到"空村"和"空镇"问题了,发了文。如果简单一点,我当然可以把《哺乳期的女人》当作一篇"空村"或"空镇"小说。就逻辑而言,从反思现代性和"空村"问题并不对等,但是,谁也不能否认它们内部的因果关系。老实说,我希望读者关注到我对社会的关注,但是,我毕竟是一个文本意识很强的作家,我很在意文本建设。

张　莉：我想这么说,如果在今天,《哺乳期的女人》是标准的毕飞宇制造,这个没问题,可是,把时间推回到1995年,我反而觉得《哺乳期的女人》是不典型的,是跳脱的,它很不像你1995年前后的作品,语言、叙事语气,都不像。有点忧伤,抒情色彩比较浓。

毕飞宇：你这个判断很准,是很专业的说法。《哺乳期的女人》是抒情的,它和我的大病未愈有关,我从来没有在那样的健康状况下写过东西,一般情况下,我都是在精力充沛的身体条件下工作,但是,一场意外,我出了太多的血,差一点儿就死掉。《哺乳期的女人》的责任编辑是宗仁发,我不知道他那里还有没有《哺乳期的女人》的手稿,如果这个手稿还存在的话,你马上就注意到了,我的笔画很轻,是虚浮的。为什么？我的手几乎就拿不动笔。我只是太无聊,都躺了十五天了,就想有一支笔在手上,其实也没打算写小说,写着写着,出状况了。《哺乳期的女人》写好了之后几乎都没有回头看,几乎没有改动,是一口气写完的。这个手稿如果丢了实在有些可惜。

张　莉:也就是说,这小说的起源其实就是那些思考,没有具体形象或者故事。

毕飞宇:是的,是很观念的那些东西,也就是所谓的"观念先行"。在这里我特别想说一下,我从不认为"观念先行"是一件可怕的事,不是这样。对一个小说家来说,最要紧的事是这样的,你有没有能力把你的观念纳入到小说的思维里去,我强调小说的思维,而不是小说的出身。小说可以有许许多多的出身,观念是其中的一种。《哺乳期的女人》发表快二十年了,没有一个人批评它是观念先行的。对我来说,观念是先行的还是后行的并不重要,重要的是,你是不是有观念。人物不饱满,只剩下观念,那很可怕。同样,光有人物,没有观念,那也可怕。

我一直都有这样的一个看法,一个小说家在写作之外是不是一个思考的人,如果是,他是可以期待的,如果不是,过了一定的年纪,他就不再值得期待。你有没有观念,你有没有问题的悬置,这对一个小说家的影响是巨大的。我不喜欢没有观点的作家,我也不喜欢没有立场的作家。

3.《是谁在深夜说话》

张　莉：大概是2008年左右，有一天晚上我读《是谁在深夜说话》，觉得写得还真是好。

毕飞宇：你怎么这么晚才读这个小说？它也比较早了，也是1995年或1996年的作品。这个我记得很清楚，那两年我在《南京日报》附近租了房子。

张　莉：以前我都在忙别的啊，并没有追踪读你的小说作品。其实这小说也有让我不适的地方，比如关于情感那块儿。但不管怎样，那个在城墙下夜游的、不断别有所思的年轻人着实有趣。

毕飞宇：那个城墙我是不会舍弃的，你知道吗？我租的那间房子其实是违章建筑，便宜嘛。把窗户拉进来，我的手就可以摸到南京的旧城墙。我的手第一次摸到城墙的时候有点吓人的，它离我的日常生活居然如此之近，也可以说，它就是我的日常生活。

张　莉：晚读有晚读的好，十三年后，这个小说家作品里关注的东西、留下的困惑今天还在，我读的时候一点儿都不隔，挺亲切的。比如重修，比如拆毁这些事情。这些问题还在，只是这样的疑问没有了，人们不再关心是否多出了一块砖，因为这事件太普通了。当时写这个是因为你看到过城墙的维修吗？

毕飞宇：我没有看到城墙的维修，一次都没有。我看到的是修理好了的城墙，有一天夜里，我在散步，意外地看到了许多废弃的城砖，这个吓了我一跳。——修理过的城墙是完整的，那么这些剩余的砖头是哪里来的呢？在那一个刹那，我仿佛看到了一堆怪兽。

张　莉：那是历史的余数，的确很吓人。

毕飞宇：那些日子我正在翻看一些中国近当代历史的著作，我突然就发现了我们的历史叙说有这样一个特点——逻辑严密，一点儿漏洞都没有，像数学。你一定知道特洛密，这个数学家用复杂的数学证明了一件大事，地球是宇宙的中心。特洛密的逻辑是那样的强大，天衣无缝，结果呢？那些逻辑毫无意义。我不怀疑逻辑，但是，我怀疑历史中的逻辑,尤其是我们的历史逻辑。但凡在逻辑上天衣无缝的、滴水不漏的,我就有理由怀疑。历史不可能是那样的。这样的逻辑就让我"看到"了城墙的维修,它天衣无缝,但是,这个天衣无缝有一个可怕的前提,历史会多出来一部分,换句话说,历史言说的内部掺进了太多的谎言。谎言越多,历史遗漏的部分就越多。

张　莉:你真要好好感谢那几块砖头。

毕飞宇:我相信那些砖头还在那里,它们永远成了历史的余数。

张　莉:当时这位小说家的思考真宏观啊。

毕飞宇:这不是一个宏观微观的问题,是一个思维上的习惯问题。

张　莉:从抽象回到具体,从思想回到现实。

毕飞宇:我一直强调"还原的能力",无论是观念还是想象,小说家都需要去还原的。

4.《怀念妹妹小青》

张　莉：许多人和我说起喜欢你的《怀念妹妹小青》。

毕飞宇：在我三十多岁的时候，有一个阶段，很有趣的，甚至有点儿神奇。有时候，枯坐在那里想，并不想写东西，手上拿一支笔，就那么胡乱地乱画，画着画着，一个人物就出现了。任何小说的内部都有一个"点"，帕慕克把这个点叫作"中心"，他在哈佛讲文学的时候反复说到"中心"这个词。从这个中心出发，你的"小说思维"就启动了，重要的就是这个小说思维。

张　莉：《怀念妹妹小青》的"点"在哪儿？我很好奇。

毕飞宇：是这样的，有一天夜里，我想象了这样一个场景：一个小姑娘一手拿着一根稻草，在夕阳底下舞蹈，阳光把她的影子投射到一面废弃的土基墙上，她一边看着自己的影子一边舞蹈。——我的记忆里有这样的画面吗？没有。但是，这个画面打动了我，这才是最关键的。我的情感无缘无故地启动了，毛泽东说："世界上没有无缘无故的爱，也没有无缘无故的恨。"我想说，对一个小说家来说，无缘无故的爱和恨都是有的。我没有妹妹，可是，在情感的驱动下，我认准了她就是我的妹妹。我掐着指头一算，她舞蹈的时候正在"文革"的打砸抢阶段呢，小说的思维就这样运动起来了。小说还能是什么呢？无非是作家内心的进程。有高级的，有不高级的，高级的就是好作品，不高级的就不是好作品。

张　莉：在《作为记忆生产者的作家》那篇论文里，我把它跟《一九七五年的春节》里的疯女人对照分析过。我发现其中很多有趣的东西。

毕飞宇：你把《一九七五年的春节》和《怀念妹妹小青》对照起来很有意思，实际的情况正是这样的，有时候，当一部作品写完之后，你可以看到这个作品的倒影，若干年之后，这个倒影有可能就是你另一个作品的开始。

张　莉：不过，从情感上，我更喜欢前面这个，虽然后面的这个更为沉痛。

毕飞宇：说起来真的不可思议，这个小姑娘后来又跳出来了，她长大了，成了《青衣》里的筱艳秋。我不是京戏的戏迷，我个人的生活和京戏更没有任何关系，可是，京戏里的水袖始终在我的脑子里，它动不动就要飘动，有时候，是两根稻草，有时候，是厨房里的抹布。

5.《地球上的王家庄》

张　莉：《地球上的王家庄》呢？我知道，这部小说写于《玉米》和《平原》之间，这是你最好的一个短篇，也是我最喜欢的短篇，差不多是公认的你的代表作。

毕飞宇：这个小说和中国加入WTO有关，世界贸易组织的多哈会议你一定知道，也就是第四次部长级会议，就是在这个会议上，世贸组织同意中国加入WTO了。在那个时候，中国国内有两种声音：一、渴望中国加入；二、反对，不希望加入。其实，这两种声音只有一个意思，那就是中国要不要纳入世界？不少人始终在强调"中国特色"，拒绝这个世界。我是那个时代过来的人，对拒绝世界有很直接的认识，中国不能再把自己放在世界的外面了，中国不能再做"黑箱"了，我们需要这个世界的光芒，否则，我们太不安全了。中国加入世贸组织之后会怎样，我不知道，但是，孤立的中国是怎样闭塞的，闭塞所带来的愚昧对我们的伤害有多大，这个我知道。我支持中国加入WTO，所以，我要描绘那种闭塞、那种愚昧。

张　莉：封闭，愚昧，自大，自以为是。

毕飞宇：闭塞会带来什么？愚昧。愚昧会带来什么？残忍。这是一连串的。我从来不隐瞒自己，我希望无论是经济还是教育、体育还是政治，我们能和这个世界一起玩。开放有开放的巨大好处，那就是避免暗箱。我是一个对暗箱抱有高度恐惧症的人，我相信，这不是我个人"有疾"，而是一个普遍的心理，甚至可以说，这是一个民族心理。

张　莉：虽然你前面不愿意承认王家庄这个地理世界，可它在你的文学世界里的确有隐喻性，尤其在这个小说出现之后。

毕飞宇：我很高兴在我的"王家庄"里有这样一个短篇，这个版块在我个人这里非常重要，它帮助我完成了一个心理上的拼图。

张　莉：《彩虹》《相爱的日子》《家事》写在《平原》之后。我发现，这时候你的文学追求和语言表达各方面都与以前有了不一样。这个转变你意识到了吗？最近几年，人与人之间的关系是你的关键，尤其是你写普通人的日常情感。

毕飞宇：有一点儿你不能忽视，写《玉米》和《平原》，我总共花了五六年的时间，这之后，再写短篇，也就是写《彩虹》《相爱的日子》《家事》这些作品的时候，我已经是一个年过四十的中年人了。中年就是中年，面对人物的时候，他的眼界会更开，这句话是什么意思呢？他会看到"人物"的周边，也就是人物的"关系"。

张　莉：你以前的一些小说，特别喜欢写分裂的情感，混乱的生活，但现在不是。即使《家事》也有夫妻离异的背景，但你还是选择最普通的人和事情。

毕飞宇：有一点没有变，那就是我对社会的关注与热情。但是很奇怪，这么多年下来，人们在谈起我作品的时候，往往是美学上的分析多于意义的分析。因为关注社会多了，我在选择的时候往往就不会太在意"特殊人物"和"特殊环境"，为什么呢？我要考虑到作品的涵盖面，也就是普遍性。所以，正如你所看到的，我对普通的、日常的感情有了兴趣，这兴趣与日俱增。

6.《大雨如注》

张　莉:《大雨如注》也是普通的人和事,看似无事,其实波澜壮阔。你找到一个点,这个点又是敏感的,四通八达。这部小说有很多阐释层面和理解角度。但依我看,还是关于社会和文化价值观的问题的。《睡觉》也是这问题。

毕飞宇:《大雨如注》的内部似乎存在着教育的问题,但是,我最在意的还是另外的一件事,那就是汉语的处境和命运。都在说,我们处在一个失语的时代,我想说,失语到了一定的地步,你的母语就危险了。

张　莉:姚子涵最后其实是另一种意义上的失语。

毕飞宇:我和其他作家一样,对母语有一种恋母般的情感,可是,纠结就在这里,我并不反对英语、法语或者德语,在《大雨如注》里,我必须处理好一件事,那就是,我不能让我的母语和外语之间产生对立的情绪或思想。中国人或中国作家容易陷入这样的泥淖,喜欢用二元的、对抗的思路去面对世界。这是不自觉的。我很高兴《大雨如注》没有这样,这是人到中年的胜利。

张　莉:《大雨如注》里有千头万绪的东西。

毕飞宇:这个短篇和我的许多短篇一样,主人公依然是孩子,我想,我这一辈子的写作也许都离不开孩子。说起这个来我有些惭愧了,黄蓓佳一直鼓励我写一点儿少儿作品,可是我一直都不敢。黄蓓佳是这样鼓励我的,她说,你写孩子有一套的。

张　莉:还真是,你写孩子的小说都可以出本小说集了,为什么?

毕飞宇:很难说为什么,我总觉得孩子和老人与短篇小说之间有天然的联系。

7. 短篇和唐诗

张　莉：你一直在写短篇。一篇是一篇。尤其是近十年来，数量少，但质量好，总能给人带来新鲜和惊喜。

毕飞宇：多年之前，李敬泽老师对人说，毕飞宇的能力很均衡。后来，有人把这句话转告我了。现在回过头来看，我在长、短、中这三者之间的确是能力均衡的，虽然李老师说的并不是这个意思。但是，有一件事李老师并不知道，在这三者的转换之中，我的调整能力是很差的，我要花很长时间去"倒时差"。为了把事情说清楚，我只能打比方，长篇是中国，中篇是欧洲，短篇是美国，我在这三个地方都可以生活得很好，但是，一换地方，我要花很长的时间才能把时差倒过来。我不知道为什么会这样。我的写作从来都是一波一波的，一阵子写短篇，然后，停止，一阵子写中篇，然后，再停止，一阵子写长篇。在这个停止之间，我时常一停就是一年，这是我产量偏低的根本原因。

张　莉：小说家都会遇到这问题吧。

毕飞宇：在我写完《推拿》的时候，由于状态保持得非常好，我想接着写短篇，可是，有一天，我突然发现，刚开了一个头，一万字就下去了。要知道，我平时的短篇很少超过八千字的，你说，一万字都用完了，才开了一个头，这怎么得了！我气疯了，立即给迟子建打电话，说，我完蛋了。迟子建在电话的那头笑得都炸了。后来，我用了差不多一年的时间才把短篇的语调找回来。

张　莉：但你近几年拿出来的短篇质量很均衡，事实上还是有长进的。

毕飞宇：你刚才那样表扬我，那我就厚着脸皮笑纳。不过，这里头有代价，如果说，我的短篇质量还说得过去，可能与我的调整有关，这就是说，我在数量上做出了牺牲。《玉米》发表之后，有人认为我的中篇是最好的，可是你别忘了，我差不多十年没有写中篇了。

张　莉：我喜欢读短篇。在中国，大家不看好短篇，很多作家都去写长篇了。但你并不轻慢这个文体。

毕飞宇：我写短篇小说最大的帮手是唐诗。在我的童年时代，我并没有受过特别的教育，但是，由于父母都是小学教师的缘故，我在父亲的手抄本上读了不少唐诗，这个使我终生受益。

张　莉：你又一次强调唐诗对你的影响。

毕飞宇：我读的唐诗并不多，也不能背，但是，由于年纪小，又没有人辅导，主要是孤独，所以，我在很长时间里喜欢把玩唐诗，所以，对"意境"这个东西我是敏感的。

张　莉：意境。

毕飞宇：意境不是别的，就是语词之间的化学反应，语词与语词可以产生出大量的"言外"的东西，短篇要想写好，考究的就是"言外"，否则，短篇之"短"还有什么意思呢？

8.《玉米》

张　莉:《玉米》我是2002年读的,我跟很多人推荐过,也在BBS上写过我对它的认识。现在如果去搜好像还能看到我当时的评价呢。它当时影响很大,关于它的评论很多,这大概是你小说中被人讨论得最多的吧?是不是你现在都不想谈《玉米》了?

毕飞宇:关于《玉米》,我实在也说不出什么了,的确,无论是我,还是别人,都说得太多太多了。我和你聊一点儿外围的东西吧。很多人告诉我,《玉米》宏大,自信,从行文当中就可以体会得到。宏大那是一个感受的问题,我不说它,我想告诉你的是,我对《玉米》一点儿都不自信。也不是写的时候不自信,是我知道,一旦写完了,你的自信毫无意义。

张　莉：怎么个不自信法？

毕飞宇：《玉米》我是应另一个杂志的约稿写的，他们也不知道我写了什么。写完了，我一点儿底都没有，怎么办呢？先发一个电子文档给李敬泽看看吧，他说行，那就是行的，他说不行，那就改。第二天还是第三天？我的寻呼机上跳出了李老师的一句话："《玉米》发《人民文学》第四期。"我一下子就傻眼了，我就知道李敬泽是李敬泽，我信赖的一个朋友，偏偏把他是《人民文学》的给忽略了，他以为我给他投稿了。这件事我也没告诉他，告诉他又怎么样？要回来？

张　莉：真的吗？还有这个事情，好玩儿。

毕飞宇：我对《玉米》真是没把握。

张　莉：为什么没把握？

毕飞宇：我没把握有我的理由，那时候，中国当代文学的热点不在这里：一、不在乡村题材，二、不在写实风格，三、时髦"身体写作"。一句话，文学的审美场已经彻底不一样了。2000年，我发表了《青衣》，这大概是我影响力最大的作品了，许多人问我，下一部是不是《花旦》或《老生》。一年之后，那个写《青衣》的家伙突然回到乡下去了,又是这样老老实实的写法,还有人看吗?我一点儿底都没有。如果李敬泽在我的寻呼机上留下这样一句话:"这年头谁还爱看《玉米》呀。"那我只能先放下来。

张　莉:的确是好东西。这个作家由此风格为之一变。

毕飞宇:这件事给了我极大的教育,不要跟风,跟风毫无意义。

张　莉:找到自己的路了。

毕飞宇:我一直强调写作的独立性,有时候,你必须"一个人"。我要老老实实地承认,在我的写作初期,我是跟风的,但是,时间不长。有人曾给过我建议,要把自己的写作纳入到一种流派里去,这样才能成活。性格决定命运,这个命运就是作品,我的性格和神经类型不允许自己那么做,我情愿孤独地、小心地、尝试性地做自己。我同样不允许自己的写作出现惯性,惯性是可怕的,如果有一天,我在惯性里头无法急停、启动,我情愿不写。

张　莉:那种惯性作家在当下太多了,让人失望。

毕飞宇:我踢过很长时间的足球,你想想,如果你带着你的足球从这头跑到那头,这还是足球吗?那是散步。足球就是在不停、急停、启动、再急停、再启动当中完成的，消耗在这里，乐趣也在这里。

张　莉：作为创作者，你觉得中篇和短篇的不一样在哪儿？

毕飞宇：如果你让我用清晰的理论语言告诉你，我做不到，即使做到了，我估计十有八九言不及义。我只能说，作为一个在长篇、中篇、短篇都有涉猎的作者，我有感性认识。它们都是小说，像人，但是，是三个完全不同的人，长篇吧，就是农业文明时代的中年的男人，一个壮劳力，他很少说不，几乎什么都做，什么也都能做。无论他多聪明、多智慧，他始终给人以憨实、勤劳的印象，他是很好相处的，童叟无欺，有老好人的特征，和任何人都可以搭讪几句。正因为如此，长篇给人一个假象，什么人都可以写，不需要任何准备，所以，一个退休教师或退休的机关干部常常这样说："过几年我想写一部长篇。"长篇有极大的包容性，好像是没底的，滥竽也可以充数，这是典型的中年男人的魅力，也是典型的中年男人的无趣。

张　莉：哈哈，这个比喻。短篇呢？

毕飞宇：短篇是美少女，她可没有那么强的包容性，她是有性子的，因为漂亮，她必须保持她的骄傲和矜持，她格外含蓄。她内心的活动哪怕是明确的，但是，嘴上也不肯明确。你本来可以不理她，可是，由于工作上的需要，你们有联系，对她，你不可以动凡心，可是，你也不能保证一点儿凡心都没有。你不能天天和她待在一起，那个是吃不消的，但是，如果她离开久了，有一天突然又回到你的办公室门口，你的内心会产生说不出来的高兴，你的脸上难免会有超出了微笑的笑容。你也不能大笑，如果大笑，你自己都觉得自己有问题。

张　莉：真是小说家，又是一个比喻。

毕飞宇：中篇吧，就是一个职场的、风韵犹存的中年妇女，因为历练，她在某些时刻可以呈现出壮劳力的特征，最主要的是，她很乐于呈现这样的特征。可是，你不能真的以为她就是一个壮劳力，如果你发傻，信以为真，拿她当壮劳力使唤了，人家是不干的。她会提醒你，她到底是女人，最重要的是，她当年也不是没年轻过、没漂亮过。——你怎么能这样？这就心酸了。这样的中年女性说好处最好处，说难处也最难处。有些人特别愿意写中篇，有些人一说到中篇就头大，原因就在这里。

张　莉：国外好像没有"中篇"的概念，《玉米》的英文名是"三姐妹"，三个放在了一起。

毕飞宇：是的，中篇小说很特殊，在西语里，几乎没有这个概念。在英语里头，它叫"long short story"。这个概念很古怪，但是，在根子上，它还是接近短篇。

9.《上海往事》和《那个夏季,那个秋天》

张　莉:《平原》出版之前你写过长篇,不是那么令人满意。

毕飞宇:《平原》之前我写过两部长篇,第一部是《上海往事》。《上海往事》是1994年写的。这个长篇很特殊,是一位导演请我写的,他的计划是请我写剧本,可是,我不愿意。商量的结果就是我写小说,写完了他再拾掇。

张　莉:那个电影是《摇啊摇,摇到外婆桥》。

毕飞宇:1994年,我三十岁,还在兴头头地"先锋"呢,实事求是地说,那时候我对"人物""故事"一点儿兴趣都没有。但是,既然是为拍电影写的,你就不能不考虑人物和故事。这个小说对我来说相对是轻松的。

张　莉：为什么？

毕飞宇：很简单，不需要那么多的、非常讲究的叙事。我第一次确切地知道我的"语言好"就是在这个时候，导演拿着我的小说，说："语言那么好，可惜电影里也用不上。可惜了。"

张　莉：电影用不上，这个说法很准确。

毕飞宇：在这个事情之后，许多导演来找我，希望我去搞电影，我就是不写，因为我的语言电影"用不上"。我写电影原来是扬短避长的。

张　莉：接下来你写了《那个夏季，那个秋天》。

毕飞宇：是我的第二个长篇，写于1996至1997年。这个长篇不在我的计划之内，我原计划是过几年再写长篇的，可是，由于生活上的一些事情，我突然有了一年的空余时间，那就写长篇吧。

张　莉：这个长篇跟你后面的很不一样，不像一个人写的。写得不好。

毕飞宇：这是一个失败的长篇，最大的失败是心态不对。我过分强调写作时间了，总觉得写长篇是大事，必须要有大量的空余时间，在时间不允许的时候，我就草草收场了。这是很可笑的心态，可是，我那个时候就是这样的。

张　莉：长篇要的是持久力和耐心吧？

毕飞宇：到我写《平原》的时候，我的不健康的心态自动消失了，慢慢写呗。写《平原》的时候我很淡定，一点儿也没有觉得自己在"干大事"，时刻提醒自己不要急。淡定和才华无关，但是，如果你淡定，你的才华会充分地发挥出来，你的心会潜得很深，可以抵达你平时无法想象的深度。

10.《平原》

张　莉:《平原》写了多久？

毕飞宇:《平原》我写了三年七个月。我和外界并没有失去联系，但是，我的心一天都没有散。让我自己夸一下自己行不行？

张　莉：行啊，夸吧。

毕飞宇：那个时候，我觉得自己的力气真是大。那个时候我每天去健身，坚持了好多年了。1999年，我的卧推只有四十公斤，深蹲是五十公斤。因为坚持不懈，六年之后，2005年，我的卧推是九十五公斤，深蹲一百三十五公斤。不是推上去，要连续做八下的，一百三十五公斤的杠铃可不是开玩笑的，看着都害怕。

张　莉：感觉自己很强大吧？

毕飞宇：我说的力气大不是体力，是心理上的。我能感觉到自己很稳。我能感觉到我的文字和我所书写的对象之间可以"铆住"，像很高级的自行车，除了铃铛，哪里都不响。这种感觉即使在写《玉米》的时候我也没有体验过，这么说吧，如果我想表达什么，落实到文字，一定就是什么，绝对不会"走样"。

张　莉：你这么说还是让我想到先前我们聊到的写作和身体的关系，至少在你这里，那个卧推带来的"稳"和写作的"稳"贴合在一起了。

毕飞宇：写完《平原》我四十一岁，我自己知道的，我是一个有点儿样子的作家了。

张　莉：《平原》给你最大的心得是什么，不再害怕写长篇了？

毕飞宇：你说得很对，《平原》之后我获得了心理上的安稳，我不会害怕长篇了。不仅如此，我找到了我和长篇之间很"般配"的那种关系。"般配"，你知道吗？就是过日子。长篇就是我的呼吸，——呼，——吸，很慢，很长，很平稳，你就这么活下去了。

就这样。

张　莉：据说《平原》你删了很多字。

毕飞宇：对自己的作品，我通常不做回望，我不会再去读它们。这里头是有原因的，我在修改的时候会读很多很多遍，删得也很厉害，《平原》我删除了八万多字。修改的次数多了，必然会带来后遗症，脱手之后再也不想看它们。

张　莉：这小说有重量，有长篇应有的重量和容量。我觉得，到目前为止，算得上是你最好的长篇。

毕飞宇：《平原》是不是我最好的长篇，这个我不会那么无聊，自己宣布什么"最好"，你也知道，作者的话是无效的。反正我一听到哪个作家说自己的哪个作品"最好"，我就想笑，这个毫无意义。对我来说，我写了一部和当年的"伤痕文学"、"知青文学"不一样的东西，这才是最重要的。在《平原》里，我写了两个重要的主人公，一个是端方，一个是老鱼叉，他们都是青年。但是，我的写作重点却不在他们身上，我的重点在两个外来者，一个是右派老顾，一个是女知青吴曼玲。如果没有这两个外来者，我不会写《平原》。下放右派，再加上知青，这些人物在过去的作品中差不多是可以"定位"的，我的工作是重新定位。

张　莉：重新定位？

毕飞宇：我这样做一点儿也不是狂妄，时代不同了，文化不同了，中国人对"人"的人文主义解读也不同了。我必须做出回应。

张　莉：你第一次这样谈《平原》。

毕飞宇：写《平原》的时候，有一本书一直放在我的身边，那就是马克思的《巴黎手稿》。我在大二的时候开始阅读马克思的，你知道，我的哲学素养一直不过关，我的哲学都是自学的，我阅读《巴黎手稿》的真正目的就一个，探讨一下"异化问题"，可以说，在整个大学阶段，我都在关心"异化"，这也是80年代的一个热门话题。

张　莉：老顾和吴曼玲都是异化的人。

毕飞宇：从费尔巴哈，到黑格尔，到早期马克思，他们一直关心这个问题。从人到"非人"，人类的问题究竟出在哪里？费尔巴哈的答案是上帝，马克思的答案是资产阶级生产方式，也就是大机器生产。马克思的观点是明朗的，解决异化问题的根本方式是推翻资本主义的生产方式，或者，干脆说，推翻资本主义制度，这个观点成了全世界无产阶级革命的出发点。我出生在无产阶级专政的文化背景里，这个文化背景同时还是农业文明的背景，应当说，从我出生的那一天起，我和资产阶级的大机器生产就没有任何关系。但是，在20世纪80年代，异化问题又如此尖锐地摆在了我的面前，我躲都躲不掉的。没有大机器生产的人类存在不存在异化问题？

张　莉：这是当年一位爱思考的青年的疑问。

毕飞宇：一个年轻的大学生在为此纠结，——他没有生活阅历，他没有哲学素养，可是，他热爱思索。某种程度上说，我后来的写作几乎没有离开大学时代的精神逻辑。等我写完了《玉米》，异化问题，一个如此复杂的哲学命题，在我的脑海里已经变得简单了，问题不在上帝那里，也不在大机器生产那里，问题来自权力，我说的权力是集权。在任何时候，集权都是奴役之路，也是异化之路。

张　莉：《玉米》之后，你写过一个《我们身上的鬼》，批评那种"人在人上"的东西，这是有源头的。不过，很遗憾，《平原》的影响力不如《推拿》，或者《玉米》。

毕飞宇：《平原》在中国的反响并不如我的其他作品那样热烈，可我并不孤独，哈佛大学的王德威教授读完《平原》之后专门给我写了一封信，2009年，它获得了法国《世界报》的文学奖，这对我都是小小的鼓励。

11.《推拿》

张　莉:《推拿》跟《平原》是不一样的长篇。首先追求上就不一样。

毕飞宇:你说得对,那是不可能一样的。这个不一样有它的先决条件,我一样一样告诉你。一、命运是巧合的,就在我写《平原》的时候,我因为健身的量上去了,它带来了一个问题,一个动作不对就受伤。受伤了就必须理疗,我正是在那样的时候和盲人推拿师开始接触的。我差不多每一天都要在推拿房里待上很长的时间,因为习惯了,不推拿的时候我也去。二、2005年,就在我写完《平原》之后不久,我和老朋友陈晓明教授在一次会议上见面了,这一次见面是特殊的,一上来他就表达了对《平原》的遗憾。他的遗憾在哪里呢? 他的话是从"历史终结论"开始的,晓明说,中国的作家，尤其是你这样的"'文革'后"，是不是可以考虑离开历史"这个脚手架"开始写作了？老实说，关于"历史终结论"，我并不同意，道理很简单，冷战，也就是苏美的对峙固然已经结束了，但是，中国的现实在这里，历史哪里终结了呢？但是，你不能说晓明的话对我一点儿触动都没有，比方说，离开历史"这个脚手架"，仅仅着眼于日常，我还有没有写作能力呢？这的确是一个问题。最起码，我没有尝试过。

张　莉：前面你已经谈过这个问题了，看来晓明老师的观点让你实在难忘。

毕飞宇：没有一个作家是为了向另一个人证明自己去写作的，我想我也是这样，但是，当我决定写作《推拿》的时候，你必须要承认，盲人推拿师是那些离历史相对较远的人群，他们只有日常，他们的身上没有所谓的主流历史。我是偏爱历史的，热衷批判，可当我面对这一群盲人推拿师的时候，我必须克制，否则，我很可能写出一部生硬的象征主义作品，这个我必须避免。幸亏我有了《玉米》与《平原》的写作经历，我想我已经具备了展示日常的基本能力，所以我说，作品的次序很重要，就像一大堆的兄弟，有些人的天性适合做大哥，他成了老大，很好，可是，有些人的天性不适合做大哥，他偏偏做了老大，这就很麻烦。我的意思是，如果我先写《推拿》，再写《玉米》和《平原》，我估计《推拿》不会是这样的。你必须相信，写作的内部有宿命的东西,不是才华、毅力可以一笔带过的。

张　莉:但没想到《推拿》的影响力远大过《平原》。据说最近在上海上演的同名话剧很是火爆。

毕飞宇:《推拿》具有今天这样的影响力我真的没有想到,无论如何,在中国,盲人,或者说残疾人,始终是遮蔽的,或半遮蔽的,他们的日常从来就没有在阳光的下面得到充分的展示,要知道,中国有八千三百万残疾人呢,这是何等规模的人群!比法国、英国的人口都多。因为《推拿》,尤其是电视剧和话剧的影响力,盲人和残障人士成了一个重要的社会话题,我感到欣慰。

12.《苏北少年"堂吉诃德"》

张　莉：为什么会有这本《苏北少年"堂吉诃德"》？定位是少年儿童读物，我很好奇是什么使你要动手写它。

毕飞宇：这本书完全是被逼的，它的策划陈丰女士逼了我七八年，陈丰住在法国，我就躲，去年，她到上海九久读书人出任副总编，近了，这一近我就没有躲掉。陈丰女士有一个理念：留下一种童年与少年的模板。她很严肃地说，你有这个责任，许多作家都有这个责任。人的潜意识真的很强大，写完了，我突然意识到，这本书的内容全部集中在我的十二岁之前。事实上，十二岁是不可以被当作少年的终止日期的，我问了我自己，为什么截止到十二岁呢？谜底很容易揭开，我十二岁的那一年是1976年，写过来写过去，这本书还是一本关于"文革"的书。说得更准确多一点儿，这是一本关于"文革"时期乡村童年与乡村少年现实场景的书。

张　莉：是非虚构。

毕飞宇：因为是非虚构，它格外地真实。关于真实，古今中外的艺术家和哲学家们煞费了苦心。这不只是一个艺术的问题，更是一个哲学的问题。人是有感情的，在不同的状态底下，人的情感会大幅度地干预你对外部世界的判断，但是，你别忘了，我写的是一本关于我的童年和我的少年的书，这样的回望本身就充满了情感，我这样充满情感，我能获得真实吗？

张　莉：就是说，你面对的问题是，怎样写才能让它达到一种你要的真实。

毕飞宇：所以，这就牵扯到一个写作上的问题，那就是我如何面对自己，面对我自己的情感。

张　莉：这也是非虚构作者必须面对的问题，必须要思考的问题。

毕飞宇：这本书我写得实在是太克制了。就这个问题而言，这本书的写作比我的任何一次小说写作都要困难。如果我不控制，这本书只能是一本泪水汪汪的书，可是，我不希望这样。道理很简单，我必须诚实，对我个人而言，所有的苦难都是后来的事，是有了比较之后才有的事。

张　莉：没错。当时你未必有苦难的体会。

毕飞宇：在当年，作为一个孩子，我并没有苦难意识，我每天都欢天喜地的。——你欢天喜地的，却让读者为你的童年与少年泪流满面，这究竟合适不合适？

张　莉：你首先传达的是情感的真实，如何面对当年的自己。

毕飞宇：所以，对我来说，写这本书调整书写的方法不是问题，调整我自己才是问题。我毕竟也没有做过这样的事，所以，深一脚、浅一脚的。我每天都在为诚实而努力。这让我很累，每一天都筋疲力尽的。

张　莉：这种克制很重要，里面的情感和生活让人感觉到真切，那种属于少年的纯粹快乐，可以和所有时代少年的情感相通。

毕飞宇：这本书我写完了，我这样做是不是最合适的呢？我也不知道。到底什么是真实？我真的不知道。这个问题不宜多想，想多了你会发疯。我可以告诉你的是,对一个作家而言,渴望真实的愿望最重要,所谓的真实就在这里。为了保持这个愿望,你必须克服内心里的许多东西。

张　莉:除了非虚构之外,这本书跟你以往的写作相比,有什么挑战,或者区别?

毕飞宇:有一个巨大的区别,这区别就是对象。说得简单一点儿,写给谁去读。你也知道的,在平时,我不可能去考虑这个问题,这个问题是有害的,想多了会使一个作家丧失他的纯度。但是,这本书不一样,在我还没有动手的时候,陈丰女士就对我说了,——你要考虑好了,这本书会有不少少儿读者的。好吧,我知道了,记住了。到了写的时候,我的脑子里全是孩子,还没写完一千字,我都不会写了,我突然找不到我的语言了。我这么说你就明白了,你知道如何和自己的孩子们说话,但是,一旦让你到幼儿园里去,面对一大堆的孩子,你突然觉得不会说话了,你觉得自己的嗓音都有问题。——附带着我要说一句,给孩子写作真不是一件容易的事,在此,我愿意向所有为孩子写作的同行们致敬。

张　莉:这个我很理解,面对孩子说话也是技术,甚至也是难度。

毕飞宇:我的写作就这样陷入了窘境,我失语了。我只能给陈丰打电话，我说我写不来。陈丰做了妥协，她有些不高兴地说，你想怎么写就怎么写吧。这个电话挽救了我，我终于回到了正常的写作状态。但是，孩子，这个潜在的影子，在我的脑海里还是有的，所以，你也许注意到了，这本书的语言比我其他的作品稍稍啰嗦了一些，我不希望它过于简洁。过于简洁会导致一种特殊的力量。我还是希望这本书的语言能够柔和一些。

张　莉：语言的柔和有时候产生特别的情感，比如一种亲近，或者，态度的友好。

毕飞宇：说得再直白一些，该解释的地方我还是会解释一下的。因为有了这样的背景，慢慢地，我写这本书的时候产生了愿望，很世俗。我希望母亲或者父亲，在晚饭之后，能够把孩子放在膝盖上，然后，给孩子读。这是我最喜爱的生活情态，我的父亲和母亲从来没有给过我这样的待遇。我希望我的书是冬天里的风，读者的家里暖洋洋的，那么，在北风的呼啸里，你会获得一种无与伦比的幸福。这幸福不是我给你的，是你自己的。

2013 年 10 月—2014 年 1 月

附录

1. 牙齿是检验真理的第二标准
2. 批评家和作家可以照亮对方

1. 牙齿是检验真理的第二标准
——关于社会价值观的对谈

酥松，低温，这就是我眼中的新人际

张　莉：还记得当年读《哺乳期的女人》时的感受。它关注的是农村留守儿童，孩子对出外打工的母亲的思念完完全全地落实在了一个毫不相干的女人身上，这一点打动了许多人。去年重读，我觉得你非常敏锐地触摸到了一种人际——时代变了，中国的人际也变了，这包括着一种价值观的变迁。

毕飞宇：《哺乳期的女人》是我在1995年写的，我当时的立足点还不是"空村"与"空镇"，而是传统家庭模式的消失。"基本国策"实施于1982年，从此，我们的"家"成了一个简约的东西，人与人之间变得酥松。为什么要说酥松呢？因为"三口之家"特别地脆弱，面对教育、卫生、社会安全、保险、就业等庞大的压力，我们很容易神经质，只要有一个小小的意外，一个家眨眼之间就可能倒了；与此同时，我们对下一代的期待也是神经质的，差不多到了疯癫的地步。在这样的前提下，我不知道我们的价值观会有怎样的变迁，我就知道一点，我们的价值观会伴随着病兆，带有捉摸不定和火急火燎的倾向，缺乏承受力，缺少绵延性。

张　莉：《家事》就是关注的这一点吧，在孩子们的世界里，学校是"单位"，也是"宗族"，同学们变成了夫妻、母子、父女，还是"亲戚"：妯娌、叔侄、姑嫂、子舅等等，孩子们模拟着日常的、但已经是"历史"的关系，读者能感受到一种渴望。这小说引起很大反响，它是从特殊的视角书写了人们内心深处的冷清。

毕飞宇：利用这个机会，我再说一次，《家事》不是一个关于恋爱的故事，这是一个"戏仿"的故事，它是一代人对我们传统家庭模式的一次集体性的戏仿。——为什么要戏仿？因为"家"消失了，说得文气一点，只剩下一个背影。从这个意义上说，《家事》也是一个"凭吊"的故事，孩子们在过家家。作为一个写小说的，我没有能力也没有兴趣做学理上的分析，我只是和孩子们一起"冷清"了一次，用小说里的话说，"清汤寡水"了一次。借用一个外交辞令，我表示了我的"严重关注"——家庭模式的变异会改变人的基因，甚至改变一个民族的基因，这一点我可以肯定。

张　莉：这是从内部这个角度来说的，这个问题也许我们还可以换一个角度。

毕飞宇：差不多就在计划生育政策开始实施的同时，经济改革开始了。中国的经济改革还有一个背景，那就是我们刚刚从"文革"当中走出来，我们急于摆脱红色意识形态，却没有意识到文化的再建，更没有意识到人是有灵魂的，这一来，市场经济的"利益原则"在我们这里就有些变态。

张　莉：小时候，觉得生活的目标就是过上像西方人那样的生活："楼上楼下电灯电话"，以为有了这样的生活就有了一切，现在想想，原来不是。

毕飞宇：欧美也是市场经济，但是，不一样：第一，他们的游戏规则是有效的；第二，他们有基督文化背景。《圣经》上有一句话："富人进天堂比骆驼穿过针眼还难。"这里头就有一个问题，我把这个问题叫作"天堂压力"。卡耐基有一句名言："拥巨富而死者以耻辱终。"洛克菲勒也有一句名言："尽其所能获取，尽其所有给予。"这两句话和"天堂压力"都有直接的关系——这一来有趣了，在天堂的压力下面，他们的财富有了一个温暖的、开阔的去向。

张　莉：我们没有天堂压力，也没有敬畏感。

毕飞宇:我们没有天堂压力,这很好。可是,这也带来了另一个问题,我们在创造财富的同时,财富其实是没有去向的,"给儿子呗",这也许算一个。"为什么要挣钱?"在这个问题上,我们还处在本能阶段,远远没有上升到一个理性的高度。我们是在"穷疯了"这个背景上踏上挣钱之路的,说白了,我们在挣钱的时候心里只有钱,没有人,换句话说,我们的心中没有"他者"——造卖假药和霸占善款也许是最极端、最疯狂的例子。这也就带来了人际上的第二个特点,人与人之间的温度在降低。

张 莉:酥松,低温,概括得很形象。我想到你的小说《相爱的日子》,两个大学毕业生在陌生的城市互相取暖温存。小说的结尾是她给他看手机上候选对象的照片,他帮她选择嫁给哪个有车有房的男人更可靠,之后就是友好分手。

毕飞宇:《相爱的日子》写了一个低温的爱情,低到什么地步?低到了 37.5 摄氏度之下。你可以回过头去看看,我在小说里不厌其烦地交代体温、天气,我还不厌其烦地描写了性。在我所有的小说中,这篇小说的性描写差不多到了我自己都不能接受的地步——正式发表的时候,编辑其实是做了处理的。你知道么,我在写这篇小说的时候遇到了一个很大的麻烦,除了性,我不知道我还可以往哪里写,你明白我的意思么?我在人才市场里遇见过很多很多这样的年轻人,许多人的生活是这样的——我编都编不出什么来。这真是一次太难忘的写作经历。

张　莉：这小说让人想到鲁迅的《伤逝》，相爱的男女主人公都是外省青年，生活在城市的边缘。不同得也很明显，子君与涓生的精神世界很强大，他们不认同他人或社会的判断标准；而在《相爱的日子》里，世俗的价值判断影响着他们的行为，他们不得不接受。

毕飞宇：你所谈到的问题是重要的，"五四"时期的知识青年有一个基本特征，那就是内心充满了"创世纪"的愿望，不管他们是颓废还是绝望的，"创世纪"终究是他们内心的一个重要元素。现在不一样了，我们的文化心态是世纪末的，世纪末的文化心态有两个特点，我把它总结成两个词：一、急功，二、近利。它和创世纪的"功利原则"还是有很大区别的。急功，近利，它既是经济，也是文化，更是政治。

张　莉：更极端的也许是出现在《睡觉》(《人民文学》2009年第十期）小说最后，当那个二奶小美想和一起遛狗的男大学生在草地上睡个"素觉"时，男学生向她伸出了五个手指（500块钱），这让人读了很寒冷。我觉得，《相爱的日子》与《伤逝》最大的不同在于，在资本面前，爱与尊严都变得那么无足轻重。——这就是单纯GDP主义的结果，在强大的资本面前，人是何等渺小。

毕飞宇：关于金钱，我不得不说民间。中国社会最大的问题不是出在金钱上，而是出在民间社会的不发达上。这些年我们一直在谈民间，事实上，在庞大的国家面前，我们良性的民间社会非常非常地无力，更加糟糕的是，我们良性的民间力量还有被进一步扼制的趋势。如果我们良性的民间社会高度发展起来了，有力了，结果将会怎样？——它必将影响到金钱的流向，良性的民间社会有一个基本功能，参与财富的再分配。这个再分配将是有益的，它不是"多劳多得"。相反，它可以映照出"多劳多得"的简单与粗暴。

张　莉：《哺乳期的女人》《彩虹》《家事》等小说呈现了你眼中的中国人际伦理的变迁，某种程度上也是发展和社会的现代化之间的关系。你尝试着将我们这个时代的普遍性困惑表达出来。

毕飞宇：你说出了一个很要紧的词：困惑。作为一个写作的人，我感受得最为充分的就是这个东西，困惑。为什么会困惑呢？在许多问题上，我发现我时常陷入相对主义，我不得不说，在许多问题面前，我是一个相对主义者。为了摆脱这种困惑或相对主义倾向，我只能在面对问题的时候给自己一个范畴：那就是中国。所谓发展，是中国的发展，所谓现代化，也是中国的现代化。这样一来事情似乎就简单一点儿了。

张　莉：中国毕竟是我们身在的场域。

毕飞宇：中国的发展是好事，中国的现代化也是好事，但是，问题来了，我是写小说的，我的立场很简单，那就是批判与怀疑。我不认为我的批判与怀疑有多大的作用，但是，写小说的人就是这样，他在本质上是一个弱者，他有悲观的倾向，他对伤害有一种职业性的关注，然后是批判——与其说这是责任，不如说这是神经类型，小说家的气质与心智决定了他们只能这么干。一个小说家最大的困惑也许就在这里：即使他认为路必须是这么走的，他也要质疑，他也要批判。

我们并没有进入多元时代

张　莉：你的《玉米》《玉秀》《玉秧》很有影响，写的是"文革"里和"文革"之后三个女性的命运，外文版被翻译为《三姐妹》。我喜欢《玉秧》，它写了"一场灾难有多长"——"文革"遗留的日常暴力如何进入我们的日常生活，"文革"期间的告密、揭发和惩罚如何延续，小说非常细致地把它们展示了出来。

毕飞宇：我写《玉米》是2000年的事，你知道的，我最早渴望的是一个爱情故事，后来"跑偏"了，写成了现在的这个样子。现在的问题是，我为什么会"跑偏"？我认为这个话题对我个人来讲也许更有意思。

张　莉：小说换了走向，一定会有它的原动力。

毕飞宇：许多事情是要回过头来看的，我记得那个时候，其实更早，一些学者开始为"文革"唱赞歌，还有理由，比方说："文革"期间没有现在这样的贫富差距，"文革"期间没有腐败，"文革"期间农村的医疗卫生比现在要好。——沿着这样的思路，我们能不能说，希特勒灭绝犹太人为人类的人口问题做出了贡献？

张　莉：所以，你想表达自己的看法？

毕飞宇：对。我的许多小说其实都是我的发言稿，在许多问题上，我是一个渴望发言的人，但是，我知道我的短处在哪里，长处在哪里，我知道用什么样的发言方式更适合我，我的不少小说就是这么产生的。刚才你谈到了《玉秧》，在这里我还想补充一句，《玉秧》是我最为重要的表达之一，虽然《玉秧》没有《玉米》那样的影响力，但是，对我而言，它的重要性一点也不亚于《玉米》，甚至更重要。

张　莉：《平原》写的是"文革"，在2005年被评为年度十大好书。里面有个知识分子顾先生，他只会背"唯物论"，几乎被异化到完全没有日常生活能力。这是对"伤痕文学"知识分子形象书写的戏拟与反叛。你说过自己是"伤痕文学"的读者，但对它们不满意。

毕飞宇：我写《平原》已经是2003年了，不是1980年，更不是1978年。我和"伤痕文学"作家处在完全不同的精神背景上。事实上，我说我对"伤痕文学"不满意，完全是看人挑担不吃力。中国当代文学必须要从那儿经过，这一点毋庸置疑。不过，话又要反过来说，如果我现在的声音和1978年是一样的，那是多么巨大的一个悲剧。一个人和历史的关系就是这样奇特,有时候，离得远了，你反而能看得更加清晰。这不是我有异样的禀赋，我只想说，时间是一个营养丰富的东西，我们不能被它"过"了，我们得吃它。

从1978年起，我在父亲的影响下开始阅读中国的当代文学，当然，附带着我还关注思想争鸣与历史研究，一直到现在。没有这三十多年的阅读、"吃"，我下不了《平原》这颗蛋。

张　莉：你的很多小说都是以"文革"为背景的，这表明你是对"文革"念念不忘的作家，"带菌者依然存在"是你对"文革"的认识和态度吗？

毕飞宇："文革"有两个方面的基本内容，一是事件，二是精神，这是一个常识。我觉得我们中国有一个巨大的问题，许多事情大家都知道，谁也不愿意说出来。一句话在牙齿的里口还是在牙齿的外口差别是极其巨大的，在外口，就是一句人话，在里口，顶多就是一个屁。我们都知道一个词，叫真相，所谓真相，它的前提就是"说出来"，不说出来就不是，真理也是这样，不能被言说的真理肯定不是真理，所以呢，我想说，牙齿是检验真理的第二标准。很可惜，我们太沉醉、太痴迷于"可意会而不可言传"这个玄奥的东方美学，还有含英咀华的表情。对"文革"也是这样，我们只谈事件，不提精神。我在《平原》的结尾处安排了一个带菌者的角色，无非是想说出一个简单的事实，事件结束了，精神却还在。

张　莉：你喜欢使用"文革"语言和政治话语进入日常生活，既幽默又讽刺。作为一位对语言敏感的作家，你不是无意识地使用。

毕飞宇：我当然不会认为我是一个对语言没有敏感的人，但是，我还是要说，《玉米》和《平原》里的那些语言，我并没有在写作之前就把它们预备好，这是真的。我经常说，写作是一个系统，你只有进入了那个系统你才可以工作。在《玉米》和《平原》里，我大量地使用了"文革"语言和政治话语，为什么会这样？我告诉你——光线暗了，我们的瞳孔自然而然就放大了。

张　莉："自然而然就放大了"正说明了你的"时刻准备着"吧。语言几乎是一个人的身份标志，是形式也是内容。

毕飞宇：语言是一个大问题，它的意义远远超越了语言本身。你注意到没有，许多对历史产生重大影响的人，撇开善恶，他们都有一个共同的特征，他们都是语言大师。医生们常说，健康是"吃"出来的，我想说，思想是"读"出来、"听"出来的。"读"、"听"和语言就有着千丝万缕的联系。语言不是精神，但语言和精神有配套的关系，"文革"语言和"文革"精神是配套的，维多利亚语言和维多利亚时代是配套的。二次大战之后，德国为了重塑德国，他们在语言上花了很大的力气。我们呢？我们在这个地方做得很不够。

张　莉：我们这个时代的语言有什么特点？

毕飞宇：我们这个时代有粗鄙化的倾向，这个粗鄙化在语言上的体现尤为充分。

张　莉："粗鄙化倾向"——这真是小说家的感受力，我觉得可以充分地谈谈。

毕飞宇：我们都在说，我们处在一个价值的多元化的时代，很好听，是吧？其实，我觉得不是。我们现在所谓的"多元"，本质上是我们什么都不相信，真是什么都不信。价值的基本价值就是信，它的使用价值也是信，不信是驴头，多元是马嘴，它们根本对不上。从这个意义上说，我们只是进入了一个更加利己和可以利己的时代，而不是多元化时代。价值从一元走向多元，这个过程比我们想象的要艰难许多，没那么简单。

张　莉：北岛曾经说："我不相信。"不过，那不相信与现在的这个不相信不一样。

毕飞宇：不一样。北岛的时代是强迫人们"信"的时代，"大多数"其实是"被信"了，北岛说"我不相信"，那是惊天动地的。我们现在的"不信"是什么都不相信，为了安全，我们做得最多的事情是作践我们自己，把自己弄成地上的一堆狗屎，这多安全呢，永远也摔不着。——粗鄙化倾向就是这么来的：我是狗屎，你能拿我奈何？这有意思吗？没有。

张　莉：你有篇文章说,因为有了手机,我们已经出现了一种"新语言"。我也有同感。

毕飞宇：是的，我写过一篇这样的文章。虽然我本人没有手机，可是我熟悉手机的语言。我不知道你如何看待那样的语言，那种暧昧的、半真半假的、进退自如的、油腔滑调的语言，大部分是调情的——我的意思是说，即便是调情，这里头也应该有真实的东西，表明你喜欢一个人。

张　莉：手机语言和网络语言非常相近，人面对面的时候是不会这样说话的，但有"凭借"就不同了，所谓调情，玩笑和戏仿的东西可能居多。

毕飞宇：我在写那篇文章的时候引用了两个人的话，一个是陀斯妥耶夫斯基的，他批判当年的俄罗斯用了一个狠叨叨的词，叫"粗鄙地享受"。我觉得"粗鄙地享受"很像我们的今天。我另外还引用了哈代的一个词，叫"很讲究的情绪"，我觉得这也是我们今天所缺乏的。陀斯妥耶夫斯基没有对"粗鄙地享受"做进一步的说明，我猜，与此相应的也许正是"蒙昧时代"。

张　莉：你的意思是，手机帮助我们沟通，但也毁坏我们的人际伦理？

毕飞宇：不是不是，绝对不是，手机没有任何问题，这个是一定的。我不喜欢的其实还是这样一种语言模式：赤裸又暧昧。为什么赤裸呢？目的性很强，功利性很强，暧昧则是武器，满身都是迷彩色——这和我们的基本心境倒是很吻合，又赤裸又暧昧。说到价值观，我不知道我们今天在坚守什么样的价值观，我真的不知道。但是，我知道它的气质：赤裸而又暧昧。

张　莉：所以还是不用手机？

毕飞宇：我是宅男，没有必要把家里的电话线掐断了，然后再把电话拴在裤腰带上。

尊严不是个人问题,是社会问题

张　莉:《推拿》写的是盲人推拿师的生活,残疾人对你的生活有过触动吗?

毕飞宇:我们先说点别的吧。我出生于20世纪60年代的苏北乡村,在60年代的中国乡村,存在着大量的残疾人。不知道你注意过知青作家的作品没有,在他们的作品中,人物的名字往往很有特点,经常是二拐子、三瞎子、四呆子、五哑巴、六瘫子。我想告诉你的是,这不是知青作家的刻意编造,在我的生活中,的确就有许多三瞎子和五哑巴。

张　莉:这曾经是普遍现象。

毕飞宇:我对残疾人一直害怕,乡村的民间智慧是这样总结残疾人的:瘸狠、瞎坏、哑巴毒。瘸为什么狠?他行动不便,被人欺负了他追不上,这样一来他的内心就有很深的积怨,一旦被他抓住,他会往死里打,他狠;瞎坏的坏指的是心眼,瞎为什么坏?他行动不便,被人欺负了也不知道是谁,这一来他对所有的他者就有了敌意,他是仇视他者的,动不动就在暗地里给人吃苦头;哑巴为什么毒呢？他行动是方便的，可他一样被人欺负，他从四周狰狞的、变形的笑容知道了自己的处境，他是卑琐的，经常被人挤对，经常被人开涮，他知道，却不明白，这样一来他的报复心就格外地重。我并没有专门研究过残疾人的心理，不过我可以肯定，那个时候的残疾人大多有严重的心理疾病，他们的心是高度扭曲的和高度畸形的。他们的心是被他人扭曲的，同时也是被自己扭曲的。

张　莉：那时候，大家都没有尊严感，也意识不到自我和他人的尊严。

毕飞宇：在60年代的中国乡村，人道主义的最高体现就是人没有被饿死、人没有被冻死，如果还有所谓的人道主义的话。没有人知道尊严是什么、尊重是什么。没有尊严和尊重不要紧，要紧的是要有娱乐。娱乐什么呢？娱乐残疾人。最直接的方式就是取笑和模仿。还是说出来吧，我至今还能模仿不同种类的残疾人，这已经成了我的一块黑色胎记。

张　莉：我想起来了，赵本山很会模仿盲人。

毕飞宇：赵本山早期的代表作之一就是模仿盲人。他足以乱真的表演给九百六十万平方公里的大地送来了欢乐。我可以肯定，赵本山的那出小品不是他的创作，而是他成长道路上一个黑色的环节。

张　莉：不仅仅是他的成长经历，我们每个人或多或少都有这样的经历。

毕飞宇：我要说的是，在60年代的中国乡村，每个乡村不仅有自己的残疾人，还有自己的赵本山。不可思议的是，这些赵本山不是健全人，而是残疾人。我至今还记得一位这样的盲人，他叫老大朱。为了取悦村子里的父老乡亲，他练就了一身过人的本领，他的耳朵会动，他会模仿各种家禽与各种家畜的叫喊，他还能模仿瘸子、驼背和痨病患者。只要有人对他吆喝：瞎子，来一个。他就会来一个。请允许我这样说，他的生活是牛马不如的，但他很快乐，因为他知道，要让健全人快乐，他自己首先要快乐起来，他所谓的快乐就是作践自己。

张　莉：很可怕，我小时候也有看到别人以作弄残疾人为乐的经历。

毕飞宇：其实我们是非常讲尊严的，你一定还记得《红楼梦》里的刘姥姥，她在进入贾府之后，为了得到几个小钱，她刻意做了那么多荒唐的事情。可是，在进门之前，你看看，她一遍又一遍地"拽板儿上衣的下摆"，要体面。这很叫人心酸的。刘姥姥的苦中作乐绝对没有"我就不是人，我就不要脸"这层意思。

张　莉：所以，你要在意尊严。

毕飞宇：是的，我在意。其实一开始不是这样，我如此在意这件事是在我和盲人朋友相处之后。我们相处了很久了，他们有一个推拿中心，我每天在推拿中心进进出出，有一天，我突然意识到了一个问题，门内和门外是有区别的：门内很在意尊严，门外则不那么在意。我感到我抓住了什么东西，也许我夸张了，我就觉得我抓住一个时代的问题，也许还是一个社会的问题。

张　莉：《推拿》出版是在2008年10月。那一年我们刚刚经历大地震——两分钟，我们不仅有八万同胞离世，还有成千上万的人被截肢。电视上常有地震中的少年被带到舞台上讲述自己的苦难，那些孩子还要在公众面前接受礼物，主持人要求他们不断地说谢谢。看电视时我想到《推拿》中的都红，面对捐款她悄悄离开了。认识尊严有很长的路要走，尤其是对当下的中国社会而言。

毕飞宇：《推拿》的第二稿是5月10号写完的，三天之后，也就是5月12号，四川地震了。老实说，守在电视机前，到了6月，我的心情就开始复杂了。我想说的是，社会的变更真是一步也跨不过去，没有所谓的"跨越式"发展，尤其是在精神这一个层面。比较一下东西方的历史，我们缺了太多的课。其实缺了课也不要紧，我们的脑子里得有补课的念头。有些东西是不能分东西方的，比方说尊严，它是普世的。

张　莉：《推拿》给予那些被社会忽略的族群以关注，让他们感受到与社会的紧密关系。我看到报道说，很多盲人读《推拿》，将它视为"我们的小说"，你有别的作家没有的读者群。

毕飞宇：说起盲人的阅读，真是一个有趣的事情。你知道吗，在电脑上，盲人的阅读有专门的软件，也就是语音转换机制，速度快极了，还可以调，速度是我们阅读的好几倍。一度，许许多多的盲人朋友都在读它，我真的没有想到《推拿》会经历这样的一个盛况，我又一次经历了许多作家没有机会经历的东西。我想对你说，如果你让我重新书写《推拿》，我可以写得更好，可是——可是天底下哪有这么好的事情呢，永远没有事后的诸葛亮。除了遗憾，我还能说什么？

张　莉：《推拿》一出版就被誉为2008年度小说的重要收获，获得了很多奖项，不久前繁体版获得了台湾《中国时报》的2009年度图书奖，这表明它触动了我们整个社会的神经。但是，也有读者问，《推拿》中的盲人怎么这么像正常人，他们哪儿跟我们不同？你听到过这样的说法吗？

毕飞宇：我当然听到过，这不是我的遗憾，我很高兴《推拿》的写作提升了我自己。

张　莉：有时候，读者可能有他的阅读定势。

毕飞宇：阅读有它的传统与惯性，真的是这样。说起盲人，读者们往往也有一种预设。噢，这小说是关于盲人的，盲人吗，《推拿》就应当写"如此这般"。果真是如此这般吗？往往不是的。作家的创作时常有两种相反的向度：一、给出一个"新世界"；二、还原一种常识。有时候，还原一种常识比给出一种"新世界"更有价值、更具魅力。艺术的困境和光荣就在于，有时候，它创造了"新世界"，有时候，它勇敢地站在了"新世界"的对立面，义无反顾地和常识站在了一起。

对普世价值视而不见，这是中国必须面对的问题

张　莉：能不能这样说，尊严感一直是你写作的目标？

毕飞宇：我一直渴望自己能够写出一些庄严的东西，庄严，同时宏大。庄严而又宏大的东西一定是充满尊严感的，但是，在这里我要把宏大这个东西单列出来做一番解释，我所认定的宏大从来不是时间上的大跨度，也不是空间上的大跨度，甚至不是复杂而又错

综的人物关系；我所认定的宏大是内心的纵横、开阖，是精神上的渴求，它是不及物的，却雄伟壮丽，它是巍峨的，史诗般的，令人荡气回肠。很遗憾，我的写作至今都没有达到我的预期。

在这里我还要做一点小小的补充，我是被"彻底的唯物主义"喂大的孩子，现在，我最大的心愿就是做一个唯心主义的艺术家。

张　莉：刚才你说很多小说都是你对社会的发言，我想到《地球上的王家庄》。据说这小说是急就章，有感而发。

毕飞宇：那是2001年11月的事，离多哈会议，也就是世界贸易组织第四次部长会议不远了，那时候我们都在讨论中国要不要加入WTO，知识分子当中反对的人很多。我是支持的。道理很简单，我们不能独立于世界的外面，我们的游戏不能游离于大的游戏规则之外。我是喜欢踢足球的，在球场上，你粗暴、你犯规，这些都不要紧，但是，得有黄牌和红牌。我没有能力论述中国为什么要加入到世界里去，可我有能力把闭塞的世界描绘给你看——我们是弱者，弱者就喜欢在不安全的时候喊几声，这喊声有人听见了，我们将是一个活法，没人听见，我们将是另一个活法。

张　莉：小说写得精妙，它有"以轻写重"的美学特点：王爱贫和王爱国都有自己的一个宇宙系统，坚信这个系统是以王家庄为中心向外辐射的——你将王家庄作为一个很重要的意象。

毕飞宇：地球上的"王家庄"是闭塞的，这是一个没有红牌和黄牌的世界。自己当运动员，自己做裁判，这也许就叫"中国特色"吧。有时候，我们的主人意识真是太强大了，我们会梗着脖子反问：是我在踢球，凭什么让你来做裁判？凭什么呀？你一定要来做裁判，好，我不高兴，说不。

张　莉：说到中国特色，我想到一直以来关于核心价值与普世价值的讨论，写作者恐怕也得面对这个问题。

毕飞宇：我们一直生活在"核心价值"里头，而不是普世价值。远的不说，大半个世纪之内，我们的作家其实是在指定的核心价值下面思考生活和写作的，这是中国文学所体现出来的中国特色。
　　问题是，普世价值和我们的核心价值是分离的，甚至是矛盾的，这是一个谁也不能否认的基本事实。

张　莉：这种分离在今天更需要被重新认知和反省。

毕飞宇：我给你讲一个故事，这个故事我在你的母校北京师范大学讲过了，今天讲给你听。故事发生在20世纪70年代，那时候中国的大地上刚刚时兴喇叭裤。喇叭裤，你知道的吧？

张　莉：当然。

毕飞宇：知道就好办了。有一天，在一条船上，一个穿着喇叭裤的年轻人上船了，另一个没穿喇叭裤的小伙子就和穿着喇叭裤的小伙子对视。突然，没穿喇叭裤的小伙子站起来了，抽了穿喇叭裤的小伙子一大嘴巴。穿喇叭裤的小伙子问："为什么打我？"打人的小伙子说："老子就是看不惯你的裤子。"然后打起来了。

张　莉：很无厘头的场景。

毕飞宇：我要说的不是打架，我要说的是另外一件事。两个小伙子被人拉开来之后，船舱里的人们开始讨论了，讨论的中心是：挨打的小伙子到底该不该穿喇叭裤？——然而，没有人关注他该不该挨打。

张　莉：这个故事有隐喻的气息。

毕飞宇：一个人不可以无缘无故地打人，这就是普世价值；该不该穿喇叭裤，这里头也许有价值问题，但显然，它不涉及普世价值。这个故事非常清晰地表明了一件事：我们时常把普世价值丢在一边，然后，叽叽喳喳，没完没了。

前些日子我正好读到过一篇文章，意思很简单、很明确，这个世界上根本就没有普世价值——说什么好呢。在今天，我特别想说，对普世价值视而不见，这是中国必须面对的问题。其实，视而不见这个说法还是轻佻了，我个人的体会是，我们在刻意回避。

首次发表于《文化纵横》2010年第一期（发表时有删节），后收入《推拿》（人民文学出版社，2011年版）、《路灯》(《人民文学》英文版）夏季版。

2.批评家和作家可以照亮对方

好作家是独特的民族记忆的生产者

张 莉:在当代中国,作家和批评家们都热衷于史诗性宏大写作。我个人对史诗类作品没有特别偏好。好小说固然应该关注那些抽象的、宏大的社会变革,关注变革带给人与人生活的显在变化;但更应该关注这些变革之下人的内心生活的困窘,关注时代给人内心深处带来的扭曲和变形。

毕飞宇:在这个问题上我有些情绪化,我承认我有些偏执,很难说是为什么,四十岁之后我很难在知觉上认同史诗模式。我把史诗模式定义为"最容易的小说",也就是"最偷懒的小说"。史诗模式的作品都是贴着历史阶段写的,从一个阶段开始,再在另一个历史阶段结束。就说结构吧,它是现成的,再开阔、再宏伟,史诗模式的结构也是现成的。它对小说家能力的拷问其实并不大。我个人的兴趣始终在人物的内部。我是一个注重现实性的写作者,我始终在问自己一个问题:现实性到底在哪里?我的答案是,在人物的内部。我理解的现实性永远在主体的这一边,而不是相反。我不能指望所有人都能同意我,但是,说服我也很难了。

我还想岔开来说几句。我已经多次对第八届茅奖的评委表示过感谢了,我还要再感谢。《推拿》一点也不"史诗",评委会把茅奖授予《推拿》,这丝毫不能说明《推拿》有多好,它只是表明了中国文学的一个新姿态:中国文学更包容了,非史诗模式的小说作为一种小说向度,即使在茅奖那里也得到了尊重。说句大话,我真的不只为自己高兴。

小说家当然要面对历史,这个毫无疑问。如何面对?我始终认为《红楼梦》是智慧的,《三国演义》则笨手笨脚。

张　莉:我一直感兴趣当代写作者如何面对和书写现实的问题。你注意到没有,有时候一部作品明明是写现实的,但让人感觉特别虚假,可是,反过来,有的作品没写当下,写的是历史,却神奇地具有"现实感"。我们已经多次讨论过"现实感"了。前阵子读以赛亚·伯林的《现实感》,我感触很深,对于一位写作者而言,现实感是什么?

毕飞宇:是的,在我们的谈话中,多次涉及"现实感"。毫不夸张地说,"现实感"是小说家和批评家的大众情人,人们在轰轰烈烈地向她示爱。可是，既然是大众情人，她就一定有大众情人的妖魅处。在我看来，"现实感"和现实一样难以捉摸。我经常读到这样的话：某某作品具有强烈的"现实感"。——我们能不能反过来想想，你做出这个判断的依据是什么？你做田野调查了？你做标本分析了？没有，也不需要。所以，我的结论是，对"现实感"的判断，从一开始就不是一个逻辑问题，而是一个美学问题，读者有权利跳过逻辑做他的美学结论。对我来说，"现实感"就是一种错觉，它是望远镜或显微镜底下的世界，这世界仿佛在视觉之内，其实，它在视觉之外，是神奇的"虚构"帮我们完成了奇妙的、伟大的视觉转换。

张　莉：我赞同你说的"视觉转换"，它也是一种"感觉传递"。《哺乳期的女人》发表快二十年了，但今天读来依然觉得它写的是正在发生的现实。家长们出外挣钱养家，却看不到亲情伦理的淡漠，这是表象之下我们的困窘。现实感就是人与人的感受，它与现实不一定是1：1关系。如果把这个时代比作怪兽，每个写作者都在企图接近它的核心，渴望找到它的大心脏，摸到它的脉搏。但大多时候我们被表象迷惑，我们摸到它的牙齿、尾巴、腿，却以为是心脏。我认为，当下的中国文学忽略了对个体精神生活的关注，我们的精神疑难潜藏在表象之下，很难被表达和认知，但值得写作者冒险。

毕飞宇：谢谢你还记得《哺乳期的女人》。这个短篇完全是子虚乌有的，但它是真实的。我说它真实，并不是我真的遇到过小说里的事件与人物，那倒没有。我是说，我的担忧是真实的，我的情绪是真实的。我写作《哺乳期的女人》的时候，我一直被一种情绪笼罩着，不写出来我就无法摆脱。我是个情感丰沛的人，我始终认为情感是小说家的第一要素，这么多年来我总结出来一条，在情感上可以摆脱的作品总是可疑的，相反，如果你不写就无法摆脱，这样的作品总是会有出人意料的生命力。对小说家来说，分析会导致片面、机械，充分地体会自己的情感，相对来说就要开阔得多。小说的接受美学从来都是从情感到情感的，而不是从逻辑到逻辑。当然，情感也会出现偏差，但是，情感是风，不是箭，情感即使出现了偏差，它的"照顾面"也会比一支箭宽广得多。

张　莉：''情感''这个表达好。说说我理解的''现实感''吧，我认为''现实感''是作家和读者借助文本共同完成的一种情感对接，是他们自觉凝结而成的神奇的''感觉共同体''。它出于作家对这个时代的独一无二的感受力，它存在于宏大的、蹈空的形而上的公共经验之下的灰色地带。当年，契诃夫、陀斯妥耶夫斯基写了那么多繁杂的作品，表明他们内心对认识所在时代的渴望，对传达个人经验的渴望。但他们可能也并不知道自己的作品是否具有''现实感''，他们只是书写，不断地书写出他们的困惑或焦虑。在当时，这样的书写乖张偏僻，不招人待见，甚至被认为是''疯言疯语''，但多年后我们发现，它们写的正是属于俄罗斯乃至全人类的记忆和境遇。——我心目中的好作家是独特的民族记忆的生产者,是"这一个"记忆的见证者和书写者。

毕飞宇:你的这番谈话不是针对我的,可是,我愿意把你这番话看作对我的鞭策。我们这一代作家大多不是从公共经验和公共记忆出发的,正因为如此,我们和先锋以前的作家区分开来了,我们更个人、个体、个性。但是,我们不能忽视一点,正如你所说的,我们不能忽视"独特的民族记忆的生产者"这个概念。个人记忆和民族记忆肯定不是对立的,但是,他们也不是对接的关系,它们之间没有一种必然的、天然的对接。如何使个人记忆上升到民族记忆,我们要有这样的自觉。换句话说,我们要在更大的信念之下"处理"我们的个人经验,就我个人而言,我觉得我在这方面有欠缺。可我一点也不沮丧,我的写作历史告诉我,当我意识到自身缺陷的时候,我会看到希望,我会知道要做什么。

优秀的批评家和作家可以彻底照亮对方

张 莉:最近都在讨论文学批评的有效性,何以有效?我觉得首先得用"人的声音"说话。我写过一篇《"以人的声音说话"》的短文,作为读者,我实在厌恶"理论腔"。批评文字首先得有可沟通性,作家能看得懂、读者能看得懂。一个人的语言表达、说话腔调甚至他使用标点、停顿的习惯,都是思维方式的显露。当一位批评家用僵化的语言表达对一部作品的理解时，表明他的思维已经固化——如果不使用"人的声音"，何谈"人的文学"？

毕飞宇：我的"从文"经历很有意思，在写小说之前，我写过诗，也写过评论，因为不成功，我最终写起了小说，李敬泽老师曾在一篇文章里调侃过我，他是这么总结我的："一个好吃的人最终做了厨子。"

李敬泽老师对文学非常热爱，我也是。但是，他硬是把另一个热爱文学的家伙比喻成"一个好吃的人"。顺着他的思路，我想这样说，文学是我的终身大事，同时也是我的"玩具"。它是我的"手把件"。即使我不写小说，不写评论，我也会一辈子"把玩"这个东西。我这样说没有半点不敬，相反，只有这样表达才能穷尽我对文学的热爱——就在奥运会前，有一天晚上，大概十点多钟，我给敬老打电话，聊到后来，敬老突然大叫了一声，说："都三点了！"后来敬老叹了一口气，说："这年头还有两个傻瓜聊小说能聊到这个时候。睡觉去！"

"人的文学"这句话可以用许多方式去表达，可以说得很理性，也可以说得很家常。在我看来，"人的文学"是这样的，你和文学亲，你洋溢着爱，一说起这个你就唠叨，没完没了，像月子里的女人和人聊尿布。我觉得文学从来不玄奥，有时候，它就是尿布。但是，千万别以为"尿布"就不讲究，就没学问，如果你爱孩子，愿意替那个不会说话的孩子"设身处地"，你会发现每一块"尿布"都有它的理性程序，甚至有它的人文价值。

且不说"尿不湿"的高科技，单说一块布，它的历史、它的纤维、它的吸水性、它的颗粒感、它的柔软度、它的清理、它的消毒、它的除碱，这些都是问题，每一个环节都需要我们去论证。当然，这个论证不一定需要坐下来，开一个"尿布与小便"的研讨会，这个论证也许就是几秒钟，但是，这个几秒钟里包含了常识、经验、趣味、成本、实用性、前瞻性，还有爱。

张　莉：真是有趣，我恰好相反，写评论之前写了几年小说。我热爱文学，读研究生越久，就越喜欢做研究写评论。关于什么是好的文学批评，有人说要写得感性，有人说要写得性情，固然不错，但若是成为一位优秀的批评家，我以为识见最重要。有识见，批评家的看法才会敏锐、锋利、有启发性。当然，"识见"不是年轻有才情就可以办到的，它得有理论素养支撑、得有阅读经验和创作经验，还要有生活经验和社会经验。你看，成熟的七〇后小说家都大批涌现了，成熟的七〇后批评家却零星可数，因为大家都刚博士毕业没几年，还在储备阶段。成熟批评家的成长要比成熟作家的成长困难得多。

毕飞宇：毫无疑问，一个批评家的成长要比一位作家的成长困难得多，作为一个"好吃的人"，我的体会是很深的。当我"言不及义"的时候，当我"可意会而不可言传"的时候，我非常渴望我的表达能获得理性上的空间感和逻辑上的势能，很不幸，我做不到。这就是为什么我一直喜爱和批评家对话的原因，这样的对话能满足我的"好吃"。

张　莉：当年，金圣叹评点《水浒》："李逵是上上人物，写得真是一片天真烂漫到底。"寥寥数语，读者、同好便心领神会。点评者"随文生发"，点评与小说共为一体，相得益彰，无需论证，这是中国传统式的批评、印象式的文人批评。现代意义上的批评家们，工作环境发生了重大变化，他必须面对的问题是，你可以写印象、写感受，但文章要自成一体，独立存在，要有学理、有论证、有逻辑，不仅要告诉读者作品写得好或写得不好，还要说明何以好，何以不好——如果你写得不通，读者随时可以反驳争辩质疑。这是一位现代批评家必须要面对的，他的生存环境更复杂。

毕飞宇：说起金圣叹，我要说那是一个天才，他的理解力是无与伦比的。七十回的"金评本"我翻了不知道多少年，每当有人向我"请教"的时候，我一定会推荐金评本七十回。那是小说文本与评论相结合的一个范本。金圣叹给我最大的启示是，一个小说家要认真地对待自己的每一个字，要不然，你的文本经不起那样的阅读，你扛不住。因为金圣叹的介入，潘金莲、武松、武大郎和西门庆的四方关系简直是惊心动魄。你能说的只有两句话，施耐庵太有才了，金圣叹太有才了。他们的手里各自拿了一把手电筒，彻底照亮了对方。

张　莉：是啊，他们不仅照亮彼此，也照亮了我们后人对中国小说传统的理解路径。说句题外话，金圣叹恐怕是文学史上最有权力的批评家了，他敢给予《水浒》七十回的长度，后代批评家哪一个可以？

毕飞宇：但是，如果从今天的要求来看，金圣叹是不是一个合格的批评家？我不敢胡说。就小说而言，今天的文学批评首先面对的是中西方的小说史，严格地说，由于历史的原因，金圣叹是没有"小说史"的，"大小说"的概念在金圣叹的时期还没有形成——没有史学做参照，没有理论做支撑，金圣叹如果活在今天，他是不是一个好的批评家呢？我不知道。

张　莉：在我心里，他是最优秀的、开风气之先的"小说评点家"，那种直觉和敏锐，非常人可比。我最近在想，当代批评家是否需要重新认识自己的生存环境。在今天，我们的批评不能只写给同好，或圈子里的朋友看，它需要有更多的面向。现在我们通常把文学批评分为学院式批评和媒体批评，媒体批评是学院中人不屑做的。可是，哪有那么大的泾渭分明，谁给划的界线？我理想中的现场批评家是多栖的、开放的，我希望自己可以向社会发声，这是我一直坚持给一些书评周刊写评论的动力——遇到好的作家，要不遗余力地推荐，看到问题，也要直率表达自己的不满。

批评家和作家的对立，是一种优雅的敌对关系

毕飞宇：撇开私谊，从本质上说，作家和批评家终究是对立的，这是文学自身的需要。在我看来，批评家和作家的对立，是一种优雅的敌对关系。对，优雅。我和许多批评家有过深入的讨论，争执从来都不可避免，我很享受这样的交流。

张　莉：批评家和作家从来都是一对"冤家"。批评家和作家进入文本的方式有很大差异，即使立场相近，但表达和理解角度也会有不同，因为差异，他们可能互相欣赏，也可能互相不买账。刚才你说批评家的看法对于作家有启发，同样，批评家读小说时，也会有触动。比如，一些作家处理语言的方式或看待生活的观点对我很重要、会促使我思考，我就特别关注，有话要说；但另一些作家作品也是好的，我也知道他是好作家，但感触没那么深，表达的欲望就没那么强烈。——批评家大都有自己的阅读趣味，当然，他们的趣味也会慢慢发生变化，批评家也在不断修正自己的审美标准，但这样才有趣，有意思，对吧？

毕飞宇：所以，文学在没有上帝和上帝死了之后最有生命力，因为文学允许我们向着理性和感性两个维度放纵，由此，文学才可

以上升到"人学"的高度。

张　莉：我习惯站在人的立场上想问题。对我来说，理解文学、历史、现实的复杂性就是理解人的复杂性、人心的复杂性、人性的复杂性。回过头说文学批评，刚才我说我反对"理论腔"，但我坚持认为理论修养对批评家来讲至为重要。之所以有"理论腔"这回事儿，还是理论没学透，生吞活剥，所以令人生厌，这是持"理论腔"者的问题，跟理论本身没关系。我最近常反省自己理论修养方面的欠缺，提醒自己需要不断学习。对于一位批评家而言，感性和理性兼得恐怕是最理想的境界——如果感性里没有相当程度的概括性和理论上的陈述，就很难获得大的批评力量；而理性判断，若不是建立在某种直接的或派生的感性的基础之上，是不能被系统表达出来的（韦勒克、沃伦语，大意）。批评实践越久，我越对这样的说法深以为然。

毕飞宇：我非常同意你对理性的认可，形而下一点，我自然同意你对理论和理论素养的推崇。这一点无需赘言。

但是，有一点我们也不能回避：大部分中国小说家对批评界的"理论腔"很不满，尤其是"学院派"的"理论腔"。其实，如果我们分析一下，我们很快就能发现，这一切和"学院""理论"没有半点关系，原因大致有这样几个方面：一，中国作家的理论素养偏低，少有逻辑训练，在"好话"之外，并不适应"论证"，也许我有些推己及人，反正我自己就是这样的，理论素养很不足；二，我们的理论大部分都不是原产于中国社会和中国文学，面对中国文学的时候，需要拐太多的弯，否则搭不上；三，因为特殊的文学体制，在梳理中国文学的时候，我们的理论在方法论上带上了"江湖道义"和"地区利益"，这一点对我们的文学批评与理论伤害特别大；四，太多的文学会议稀释了批评家的才华。我总结得也不一定对，我有把握的只有一点，理论在中国不受待见。然而，作为一个在场的实践者，我要说，我们对理论的不屑可以终止了。中国文学需要理论，尤其需要学院的理论。

微博是初具雏形的民间社会

张　莉：最近都在谈论微博写作，你怎么看？

毕飞宇：微博的出现是鼓舞人心的。从上个世纪的八十年代起，我们一直都在谈论人的主体性。主体性是什么，我也说不好，但是，表达、诉求、参与甚至表演一定是主体性的重要内容。在中国几千年的历史中，我们的主体性一直是被打压的，我们的文化其实就是压抑主体性的文化，从这个意义上说，无论微博会连带出多少问题，它都有它的价值，它是真正意义上的公共写作。

张　莉：我把这个叫全民写作，当然，你说公共写作也有道理。

我是与网络一起成长的，先是上BBS，后来看博客，再后来是微博。微博的很多内容是即时的，随性的，它的意义不在于文学，在于每个人都有权发声，都可以"我手写我心"，我们社会的开放和文明得益于此。

毕飞宇："我手写我心"，我读书的时候就熟悉这句话了，但是，那个时候我是从语言表达的技术层面上去理解这句话的。现在不一样了，"我手写我心"不是技术，而是一个广阔和庄严的社会实践。前些日子看奥运会，除了看比赛，我一直关注中国运动员的采访，我在2000年悉尼奥运会的时候专门写过一篇文章，谈的就是中国运动员说话。一个只会背诵领队讲话的运动员、一个学舌的运动员，无论拿多少奖牌都没有意义。你注意到没有，我们的运动员有一个特点，说"我"的时候特别小心，大部分用"自己"去代替。我盼望着下一届奥运会的时候"我"不再是中国运动员的一个障碍。

我一直在为公共写作唱赞歌，这是从大的地方来说的，是从写作的意识形态来说的。其实我非常清楚，公共写作对文学的写作有冲击，最大的冲击是公众强化了写作的娱乐性。我一直告诫自己，在娱乐年代，文学绝对不可以自我娱乐，文学得有文学的衣着、谈吐和做派。最起码，我心目中的文学是愿意承担启蒙意义的，失去了启蒙意义，文学只是一个三流的娱乐产品，它的价值将远远低于摇滚、选秀和电视剧。

在未来，文学和作家很可能会成为不合时宜的东西，这似乎是悲观的。其实不是这样。大家都知道，文学在本质上是弱者，在这个前提下，我愿意补充一句：弱者有弱者的特征，在它处境危殆的时候，它会迸发出惊人的能量，它什么事都干得出来。

张　莉：非常赞同"不合时宜"的说法，这也是我对文学的理解。想起别林斯基的一段话，他说文学对我们的意义比我们想象的大得多，它包含着"我们的全部心智生活"，"我们生活的全部诗情"，说得多好！一个时代真正的心智生活肯定不在热火朝天的娱乐文化里。我是乐观者，总觉得在中国文学的地位没那么糟。你看，每次的文学事件都会引起微博热议，很多人都是潜在的"文学青年"。

毕飞宇：但你不能失去冷静，你得出了许多人都是"文学青年"这个结论,这是有原因的。微博最能体现"人以群分"这个社交原则，这和你的"关注"有关，你"关注"的一定是你的同类，是吧？

我对微博的关注倒不是微博上有几个"文学青年"，相反，是微博上有众多的"二Ｂ青年""二Ｂ中年"和"二Ｂ老年"。我非常喜欢"二Ｂ世界"，为什么呢？我们众多的"二Ｂ"终于拥有了自己的诉求渠道，由此，我愿意夸张一点，我觉得中国的民间社会有了自己的雏形，起码，我们的民间社会有了"字面上的可能"。

张　莉：不是，我大多"关注"我圈子以外的人，有趣的人们。

我有习惯，会不定期搜索《收获》《人民文学》或者《小说月报》，我想知道有多少人看这些杂志，也会搜大家对热点文学事件的讨论，纯粹出于职业好奇。我发现，关心文学的人没那么多，也没那么少。当然，我说的"文学青年"中有一批是外国文学爱好者。你说微博具有了"民间社会"的雏形，我很同意，虽然我不喜欢写微博，但我阅读、观看也转发，算得上是其中一员。微博使我获得对社会的多面认识，我喜欢微博世界的"杂语交错""众声喧哗"。

毕飞宇：我们以前有过一次对话，在那次对话里，我说中国几乎没有民间社会，或者说，民间社会很不发达。我为什么这么说呢？道理很简单，从来就没有默不作声的民间社会。"沉默的大多数"和民间社会从来都不是一码事。

微博让我变得乐观，虽然我本人未必是微博控。首先我要说，微博其实是金沙俱下的，藏污纳垢的，让我乐观起来的正是这一点。民间社会的特点也正是这样——"金沙俱下"，"藏污纳垢"。这不是我总结出来的，陈思和教授在上世纪 90 年代就这样总结了。

你一定很了解法国大革命，法国大革命最著名的刑具不是"断头台"，而是"纯洁性"。你知道的，罗伯斯庇尔是"纯洁性"的偏执狂。作为资产阶级的革命家，封建势力自然是"不纯洁"的，杀；资产阶级也"不纯洁"，杀；资产阶级政党的内部还"不纯洁"，再杀。最后他自己也被杀了。这样的例子绝对不是个案。

民间社会通常都是在"不纯洁"的"灰色社会"成长并壮大起

来的，吊诡就在这里，文明并不纯洁。我想说的是，微博正是这样的土壤：金沙俱下，藏污纳垢。我喜欢微博里金子的闪亮，我愿意接受它的脏。

2012 年 8 月 27 日

首次发表于 2012 年 9 月 3 日《文艺报》第 2 版。

后 记

张 莉

在我的理解里，写作、阅读、批评都是我们感应时代和社会、确认自我的途径，也是我们在陌生人中寻找同道、使自己不再孤单的方式——透过那些优秀写作者的语言和文字，我们享受在茫茫人世中的不期而遇，延展对生命的理解力和感受力，扩大自身认识世界的边际。

和毕飞宇先生相识是在2007年10月，那年我刚从北师大博士毕业，正在南开大学做博士后。我和我的好朋友，彼时正在北京大学做博士后的韩国学者任佑卿女士相约去太原，参加女性文学年会。毕飞宇则是那次会议的特邀嘉宾。会议间隙，我们三人坐在了一起聊天，都是纯粹的文学话题，关于鲁迅、张爱玲、小说阅读及中外文学翻译，等等。第二年，当我从现代文学研究转向当代文学批评时，我们的交流话题便也开始涉及当代文本。

近四五年来，毕飞宇先生和我有过三次对谈：《理解力比想象力更重要》《牙齿是检验真理的第二标准》《作家和批评家可以照亮对方》，均为期刊报纸所邀，在业内也都有所反响。尤其是《牙齿是检验真理的第二标准》一篇，在网络上流传颇广。此为进行这次长篇谈话的前提和基础。

2013年10月，应人民文学出版社之邀，我们用两天时间在南京龙江"月光曲和"咖啡馆里完成了长篇对话的大部分内容，之后又各自进行补充修正，使之成为今天的对谈录。对谈录希望以一种家常、朴素、鲜活的方式回顾毕飞宇的成长环境、工作经历、创作体会，分享我们对经典文学作品的理解和认识。当然，随着对谈的进行，我对毕飞宇的了解也越来越深入：眼前这位小说家绝非"凭空而来"，他有经年累月的阅读和思考，他有不为人知的艰苦的自我训练，他有他的储备、他的沉积、他的学养。某种意义上，这部对谈录里潜藏有乡下少年毕飞宇何以成为当代优秀小说家的诸多秘密。

与毕飞宇有过对谈的朋友都有体会，他是位有魅力的谈话对象——他的讲述总是生动、形象、深刻、风趣，举重若轻，令听者如沐春风，过耳难忘。坦率地说，这些年来，与毕飞宇的交流经验对我弥足宝贵，那既是知性意义上的长见识、受启发，也是纯粹意义上的愉悦享受。

诚挚感谢毕飞宇先生一路以来给予的信任和支持；作为同行，我要向他时时处处闪现的语言天才和卓越的叙述本领表示敬意。感谢人民文学出版社的赵萍女士，没有她的策划、督促、组织，就没有这本书的问世。

2014 年 3 月 12 日于天津